얼굴 사용법

JIBUN NO KAO GA SUKI DESUKA: "KAO" NO SHINRI GAKU
by Masami Yamaguchi

ⓒ 2016 by Masami Yamaguchi
First published 2016 by Iwanami Shoten, Publishers, Tokyo.
This Korean edition published 2018 by Dolbegae Publishers, Paju
by arrangement with the proprietor c/o Iwanami Shoten, Publishers, Tokyo
through Eric Yang Agency, Inc., Seoul.

생각하는돌 19

# 얼굴 사용법
— 청소년을 위한 얼굴 심리학

야마구치 마사미 지음 | 김영애 옮김

2018년 7월 27일 초판 1쇄 발행
2021년 4월 20일 초판 3쇄 발행

**펴낸이** 한철희 | **펴낸곳** 돌베개 | **등록** 1979년 8월 25일 제406-2003-000018호
**주소** (10881) 경기도 파주시 회동길 77-20 (문발동)
**전화** (031) 955-5020 | **팩스** (031) 955-5050
**홈페이지** www.dolbegae.co.kr | **전자우편** book@dolbegae.co.kr
**블로그** blog.naver.com/imdol79 | **트위터** @dolbegae79 | **페이스북** /dolbegae

**주간** 김수한 | **편집** 권영민
**표지디자인** 이새미 | **디자인** 이은정·이연경
**마케팅** 심찬식·고운성·조원형 | **제작·관리** 윤국중·이수민 | **인쇄·제본** 상지사 P&B

ISBN 978-89-7199-891-5 (44180)
ISBN 978-89-7199-452-8 (세트)

책값은 뒤표지에 있습니다.

이 도서의 국립중앙도서관 출판예정도서목록(CIP)은 서지정보유통지원시스템 홈페이지(http://seoji.nl.go.kr)와
국가자료공동목록시스템(http://www.nl.go.kr/kolisnet)에서 이용하실 수 있습니다.(CIP제어번호: CIP2018020612)

생각
하는
돌

19

# 얼굴 사용법

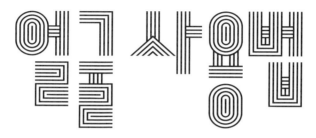

## 청소년을 위한 얼굴 심리학

**야마구치 마사미** 지음 ‖ **김영애** 옮김

돌베
개

머리말

여러분은 남의 얼굴이 신경 쓰입니까?

처음 만난 사람의 얼굴과 이름을 금방 외우고, 길거리에서 유명인을 얼른 알아보고, 연예인의 얼굴 생김새가 바뀐 걸 알아채 "혹시 성형했나?" 하며 친구랑 수다를 떨고는 합니까? 남의 얼굴과 모습을 요모조모 뜯어보고 싶나요?

여러분은 남을 신경 쓰는 타입입니까?

혼나는 데 매우 민감한 사람이 있습니다. 또 남의 감정 변화에 눈곱만큼도 관심이 없어 상대가 언짢아해도 전혀 신경 쓰지 않고 화를 내도 꿈쩍 않는 사람도 있습니다.

여러분 주위에도 친구와 잘 지내지 못하는 사람이 있습니까? 학교 밖에서 반 친구와 만나도 모르는 척 무시하기로 작정한 듯한 사람, 제 방식대로 하며 주위에 맞추려는 기색조차 없거나 반대로 남의 생활에 불쑥 끼어들거나 상대가 싫어하는 일을 태연히 계속하는 사람은 없는지요?

사실은 얼굴과 표정을 보는 능력에는 능하고 서투름이 있습니다. 노력해도 남의 마음 읽기가 서투른 사람이 있는데, 결코 악의가 있어서 그런 것은 아닌 듯합니다. 오히려 사람 마음을 쉽게 읽어 내는 능력이 이 세상에 있다는 것을 모르는 당사자는 자기 문제를 깨닫지 못한 채 혼자 고민하는 경우도 있겠지요.

그러면 이번에는 자기 얼굴에 관한 질문입니다. 여러분은 자기 얼굴이 마음에 듭니까?

'내가 정말 맘에 들어.'라고 생각하는 사람은 소수이지 않을까요? 어릴 적에는 느끼지 못해도 주위를 의식하는 나이가 되면 어딘가에 콤플렉스를 지니게 되지요. 특히나 얼굴에요. 물론 외모 따위 전혀 관심 없다는 사람도 있겠지요. 정말 개의치 않는 사람도 있습니다. 개중에는 아예 자기 모습을 안 보기로 작정한 사람도 있을 것입니다.

관심이 있건 없건 간에 누구에게나 얼굴은 있습니다. 남과 만났을 때 보여 주는 것은 얼굴, 눈앞의 사람에게서 보는 것도 얼굴입니다. 우리는 얼굴에서 다양한 표정을 읽어 내어 생활하고 있습니다. 평소 생활에서도 얼굴로 여성인지 남성인지, 대충 몇 살쯤인지를 읽어 냅니다.

최근 음료 자동판매기 중에는 이러한 정보를 기계적으로 인식할 수 있는 것도 있다고 합니다. 자동판매기 앞에 선 사람의 성별과 연령을 읽어서 그에 맞는 상품을 보여 주는 것입니다. 그 사람의 나이와 성별에 맞춘 추천 상품이 한가운데 나오도록 되어 있습니다. 젊은 여성에게는 건강 음료가, 중년 남성에게는 자양강장 음료가, 젊은 남성에게는 청량음료가 눈앞에 진열되는 것입니다. 꽤나 흥미로운 장치입니다.

특히 일본인은 얼굴을 매개로 미묘한 의사소통을 합니다. 그 섬세함은 세계적으로도 특수하다는 것이 뒤에서 제시할 서양 국가와의 비교 연구에서 밝혀졌습니다.

여러분 학교의 학급에도 '분위기를 깨지 않는다'는 암묵의 규칙이 있지 않습니까? 분위기라고 하면 어렵지요. 하지만 그것을 분해해서 분석해 보는 것이 중요합니다. '분위기'라는 것은 제각각 사람의 얼굴과 몸짓이 일으키는 미세한 움직임에 의해 만들어집니다. 한 사람 한 사람의 얼굴 움직임과 몸짓이 전체 분위기를 만드는 것입니다.

얼굴의 미세한 움직임을 읽어 내는 전문가도 있습니다. 감정을 속일 때 사람들이 어떤 순간에 어떤 얼굴 움직임을 보이는지가 과학적으로 해명되고 있습니다. 이 영역의 제일인자인 미국의 심리학자 에크만Paul Ekman은 세관 직원과 재판 관계자들 대상의 훈련법도 개발하고 있습니다. 표정 읽기 교육을 받으면 용의자의 거짓을 간파할 가능성이 높아집니다. 군중 속에 있는 수상한 인물을 찾아낼 수 있을지도 모릅니다.

에크만의 연구가 훈련을 전제로 한 것이기는 하지만, 중요한 점은 훈련을 받기만 하면 누구나 해독 능력을 획득할 수 있다는 것입니다. 그리고 전문가처럼 상대방의 거짓을 속속 밝혀낼 수는 없어도 그럴 수 있는 소질을 누구나 약간은 지니고 있을 가능성이 있습니다. 우리는 오히려 이런 능력을 무의식적으로 사용하고 있는 면이 있습니다.

실제로 여러 실험에서 사람은 얼굴에 무의식적으로 반응한다는 것이 밝혀졌습니다. 평소 생활에서도 상대의 미묘한 거짓과 마음의 빈틈을 무의식적으로 알아차리고 반응하는 일이 있겠지요. 즉 무의식중에 상대의 얼굴과 표정, 몸짓과 행동을 읽고, 거기서 말로 표현할 수 없는 '분위기'를 느끼고 있는지 모릅니다.

국정을 좌우하는 중요한 선거가 후보자의 얼굴에 대한 한순간 판단에 결정될 가능성을 보여 주는 연구가 미국에서 발표되었습니다. 우리는 인식하지 못한 채 얼굴에 좌우되며 사회생활을 하고 있는 듯합니다.

어떻습니까? 얼굴에 관해 좀 더 알고 싶어졌습니까?

얼굴은 자신과 사회를 이어 주는 접점이라 할 수 있습니다. 얼굴이 만들어 내는 표정으로 감정이나 기분을 서로 전하고 얼굴로 타인을 인식하며 얼굴로 자기 자신을 표현합니다. 이 책에서는 이런 얼굴의 불가사의에 관해 이야기하겠습니다.

차례

# 1장

# 얼굴은 마음의 창

: 당신의 얼굴은 열려 있습니까?

앨버트 슈발리에 테일러의 〈창〉(1911년)

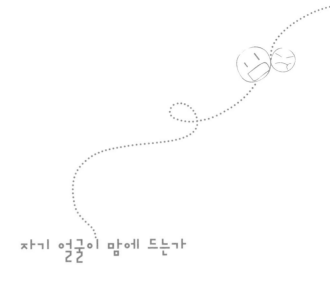

## 자기 얼굴이 맘에 드는가

자기 얼굴에 관해 한 번도 생각해 본 적이 없는 사람은 얼마 없을 것이다. 자신의 얼굴 생김새가 조금만 달랐다면, 완전히 다른 인생을 살았을지 모른다고 생각한 적은 없는지?

철학자 파스칼도 절세 미녀라던 클레오파트라의 코가 조금만 낮았다면 역사가 바뀌었으리라고 말했다. 19세기 미국의 네 자매를 그린 『작은 아씨들』이라는 소설에는 막내가 낮은 코를 높이려 빨래집게로 집고 자는 대목이 있다. 미소를 자아내는 이야기인데, 요즘으로 치면 성형 수술쯤 되지 않을까?

이런 이야기를 접할 때마다 그만큼 얼굴이 중요한가 생각하게 된다. 타고난 얼굴은 그 사람의 운명, 혹은 역사마저 바꿀 힘을 지닌 것일까?

여러분 주위에도 얼굴 가꾸는 데 열심인 사람이 있는지? 성형까지는 않더라도 쌍꺼풀 만드는 테이프를 붙이거나 눈썹 정리 등을 하지 않는지? 그 반대로 자연미 추구랄까, 부모에게 받은 얼굴에 손대면 안 된다는 주장을 하는 사람도 있을 것이다.

마음이 자라서 자아가 싹트면 타인의 용모에 신경이 쓰이기 시작하는 법이다. 자기 용모는 더욱 신경이 쓰이겠지. 옷을 갈아입듯이 얼굴을 바꿀 수 있다면 얼마나 자유롭고 마음 편할까.

하지만 그것은 절대로 불가능한 일이지 않은가. 얼굴은 자기를 표현하는 표지이며 '나의 문패' 같은 것이다. 냉큼냉큼 갈아 치운다면 누구도 '나'를 알아봐 줄 수 없다. '나다움'이 없어지고 만다.

다른 한편, 얼굴은 나이 들며 변한다. 백설 공주 동화에서는 계모가 '세상에서 가장 아름다운 여성'을 물으면 자기 모습이 거울에 비치는 것을 보다가 어느 날 딸인 백설 공주로 바뀐 것을 본 것이 비극의 발단이었다. 무정하게도 아름다운 얼굴도 언젠가는 빛이 바래는 법이다. 이런 변화를 받아들이는 것은 힘든 일이다.

백설 공주의 계모가 아름다웠던 자기 모습을 찾아 헤매는 것과 대조적으로, 젊은 여러분은 어른으로 변화하는 자신을 누구보다도 먼저 느끼고 알 수 있을 것이다. 매일 거울로 들여다보니 자기가 가장 먼저 변화의 징후를 느낄 수 있는 것이다. 그런데 부모와 주위 어른들이 변화한 여러분을 다 큰 사람으로 대해 주려고 하지 않아 조바심이 나는 때가 있지 않은가? 주위 어른들은 여러분 안에서 오히려 여러분의 어린 시절 모습을 언제까지나 찾고 있을 것이다.

'노화라는 변화'와 '성장이라는 변화', 어떤 것도 마음이 따라잡기는 힘들다. 그 경향은 어른이 될수록 강해진다고도 할 수 있다.

일반적으로 사람은 오래된 것을 고집하는 면이 있다. 이것을 '친근화 선호'라고 하는데, 익숙하고 친근한 옛것을 좋아하고 반대로 새것은 받아들이기 힘들어하는 것이다. 그런가 하면 아기는 어른과 달리 새것을 좋아하는 '새것 선호'가 있다. 즉 친근화 선호는 유아적인 새것 선호에서 벗어나 성장한 증거라고도 할 수 있는 것이다. 따라서 어른이 될수록 이 경향은 강할 수 있다. 이 친근화 선호는 보는 기준을 만들고 얼굴 취향과도 큰 관련이 있으므로 2장과 6장에서 상세히 설명하겠다.

'얼마만큼 민감하게 변화를 수용할 수 있는가'는 얼굴을 보는 다른 특성과도 관계가 있다. 같은 얼굴을 계속 보고 있으면 보는 방식에 왜곡이 일어남이 실험으로 밝혀졌다. 실험에서 왜곡은 단 몇 분 만에도 생겨났다. 거울에 비친 자기 모습을 바라보고만 있어도 왜곡이 일어날지 모른다. 즉 날마다 거울을 보는 사람은 자기 얼굴에 지나치게 민감하다고도 할 수 있으며 왜곡되게 보고 있다고도 할 수 있는 것이다.

성장을 고대하는 젊은이의 경우, 자기의 성장에 남들 곱절로 민감하다고도 할 수 있을 것이다. 그리고 백설 공주의 나이 든 계모의 경우는 반대로 오랜 세월 보아 온 옛날 자기 얼굴의 이미지를 끊임없이 추구했을 가능성이 있다. 다른 방향이기는 하나, 어떤 경우든 자기 얼굴을 왜곡되게 보는 것과 이어져 있는 듯하다.

사람은 결국 자기 얼굴을 제대로 볼 수 없는 것이다. 사진에 찍힌 자신의 얼굴을 보고 위화감을 느낀 적은 없는가? 꼼꼼히 관찰해 보면 실감할 수 있는 일인데, 거울에 비친 얼굴과 사진의 얼굴은 다르게 보인다.

항상 거울에 비친 얼굴을 응시하며 자기만족에 빠져 있는 사람에게는 얼마나 짓궂기 그지없는 일인가. 가장 신경 쓰이는 자기 얼굴을 우리는 자신의 눈으로 정확히 볼 수는 없는 것이다.

## 득 보는 것은 어떤 얼굴?

자기 얼굴이 지닌 모순에 관해 이야기했다. 자기 얼굴이란 불가사의한 것이다. 자기 것인데도 자기가 볼 수 없다. 자신의 신체에 속해 있지만, 완전히 자기 것이라고는 말하기 어려운 점이 있는 듯하다.

그렇다면 얼굴은 누구의 것일까? 얼굴을 제대로 보아 주고 소중히 하는 것은 오히려 남이지 않을까? 아이돌 사진을 팬들이 소중히 간직하고 부모가 아이 얼굴을 휴대폰 배경 화면에 쓰고 세상을 떠난 소중한 이의 얼굴을 액자에 넣어 장식하는 것을 보면 얼굴은 자기가 아닌 남을 위한 것이 아닌가 싶다. 얼굴이 누군가를 위해 있다고 하면 자기 얼굴이 한층 더 신경 쓰이겠지.

다른 한편, 얼굴에 신경 쓰는 것은 역시 어딘지 경박하다고도 생각된다. 얼굴에 휘둘리다니 정말 어처구니없다고도 여겨진다. 하지만 얼굴로 득 보는 사람을 여기저기서 보게 되면, 심경이 참으로 복잡해진다.

학교에서도 미남 미녀는 눈에 확 띈다. 그만큼 동급생이나 선생님이 봐주는 것 같아 득 보고 있다는 생각이 안 들 수 없다.

하지만 미남 미녀가 실제로 그렇게 득을 보지는 않는다는 것이 사회심리학의 연구로 밝혀졌다. 좋든 나쁘든 미남 미녀는 눈에 띄고 '미남 미녀는 좋은 사람이어야 마땅' 하다는 선입관이 강하게 심어지기 때문이다. 그 선입관에 갇혀 끊임없이 괴로워하는 것이 미남 미녀의 운명이라고도 할 수 있을 것이다. 좋은 사람을 전제로 평가되기 때문에 좋은 일을 해도 당연하게 여겨진다. 반대로 조금이라도 나쁜 짓을 하면 극단적으로 부정적인 평가를 받는 일도 있다. "역시 잘난 사람은 성격이 안 좋네."라고들 하는 것이다.

모두가 똑같이 지니고 태어나는 얼굴인데, 얼굴로 손해 봤다, 득봤다 평하는 것도 이상하다. 자기 얼굴에 대해서도 '왜 이런 얼굴일까' 여길 때도 있다. 생각해 보면 그것도 희한한 이야기다.

애초에 왜 얼굴을 비교하는 것일까? 자기 얼굴이 이상과는 다르다여길 때 그것은 도대체 어떤 얼굴과 비교한 것일까? 실은 이러한 행동은 우리가 얼굴을 기억하는 메커니즘과 관련된 것일 수 있다.

실제로 각자의 얼굴에는 큰 차이가 없다. 예를 들어 우리 주변의 개와 고양이를 생각해 보자. 견종과 무늬로 개체를 구별할 수 있다고 해도 얼굴만으로 구별하는 것은 주인이 아닌 한 어렵다. 게다가 얼굴만으로 개와 고양이의 매력 순위를 매기기는 상당히 힘들다.

사람의 얼굴도 개, 고양이와 마찬가지로 닮은 꼴의 집합에 지나지 않는다. 그런데 우리가 사는 사회에서는 사람 얼굴을 많이 기억하는 것을 당연시한다. 학교 밖에서 친한 친구나 담임 선생님과 딱 마주쳤을 때 모르는 척 그냥 지나쳐 버리면 나중에 꽤 어색해지지 않는가. 스스럼없이 인사하는 것은 상대방의 얼굴을 확실히 기억하고 있을 때라야 가능한 일이다.

얼굴을 기억 못 하면 이 사회에서 살아가는 데 상당히 힘든 경험을 한다. 그런데 사실은 인구의 2퍼센트 정도 비율로, 얼굴을 구별하지 못하는 사람이 있다. 이런 사람들은 여러 가지로 곤란에 맞닥뜨리게 된다. 회사에서는 상사 얼굴을 기억 못 하면 큰일이다. 부장을 찾는 전화를 받아 들고, 그 부장이 옆자리 사원과 서서 이야기하고 있는 옆에서 "부장님은 자리를 비우고 안 계십니다."라고 말해 버린다면 어떨까? 사람의 얼굴을 잘 모르는 사원은 정해진 자리에 있는가 없는가 말고는 부장의 부재를 확인할 수가 없는 것이다.

우리는 똑같아 보일 법한 얼굴을 세세히 구별할 수 있다. 참으로 신기한 일로, 그것은 마치 얼굴들의 세세한 차이를 줌렌즈로 확대해서 비교하는 것과 같다고도 할 수 있다. 각각의 얼굴이 지닌 특징의 차이를 강조해서 열심히 기억하도록 되어 있는 것이다.

이렇게까지 사람의 얼굴을 세세하게 구별할 수 있는 것은 비교 학습으로 갖게 된 재주다. 사회생활을 잘해 나가기 위해 얼굴을 기억하고, 기억하기 위해 저도 모르게 비교하는 것이다.

즉 얼굴을 보면 비교한다. 그 버릇이 남의 얼굴이든 자기 얼굴이든 무엇이든 간에 사람의 얼굴이면 자동으로 비교해 버리고 그 김에 평가까지 해 버리는 행동으로 이끈다는 것이다.

여기서 미남 미녀 문제로 되돌아가 보자. 미남 미녀는 눈에는 띄어도 실제로 반에서 인기 있는 친구는 의외로 딴 사람일 경우가 많지 않은가? 분위기 잘 띄우는 친구이거나 마음을 보듬어 주는 따뜻한 친구가 인기 있지 않은가? 얼굴 생김새가 그렇게 눈에 띄지 않아도 마음 편히 이야기가 되어 시간이 흐를수록 인기를 얻어 가는 인물도 있을 것이다.

그러면 그것은 도대체 무엇으로 결정되는 것일까?

거기에는 표정이라는 마술이 관계하고 있다. 즉 얼굴은 기본 생김새에 표정의 변화를 더한 것이다. 평소 화려해 보이는 여성이 간혹 무표정하게 있을 때 의외로 멋없는 얼굴로 보이거나 완전히 다른 인상으로 보인다거나 한 적이 없는지? 혹은 사진을 찍으면 똑같은 자기 얼굴인데도 어떤 때는 마음에 들고 어떤 때는 마음에 들지 않는 이유는 무엇일까? 긴장하거나 방심해서 '이상한 얼굴'로 찍힌 적도 있지? 자기답지 않은 표정일 때도 있고.

그 점에서 보면 프로 사진가는 모델의 긴장을 풀어 주어 '그 사람다움'을 끌어내는 데 능하다. 그 사람다움이란 그 사람이 지닌 독특한 표정이 깃든 얼굴을 말한다. 표정은 중요하다. 이 표정을 잘 짓는 사람이야말로 남들이 좋아하는 얼굴을 연출하고 있다고도 할 수 있을 것이다.

## 거울로는 알 수 없는 자기 얼굴

표정의 중요함은 잘 알았을 텐데, 그러면 어떻게 하면 좋은 얼굴이 될 수 있을까. 집을 나설 때 거울과 씨름하며 열심히 얼굴을 다듬는 사람도 있을 것이다. 하지만 앞서도 말했듯이 거울로 보는 얼굴은 주의를 요한다.

여기서 한 가지 간단한 실험을 해 보자. 영국의 얼굴 연구자 페렛 David Perrett 교수의 연구다. 그림에 있는 두 얼굴을 비교해 보라.그림 1-1 어느 쪽 얼굴이 더 여성스럽게 보이는가? 두 얼굴의 인상 차이는 확실히 알 수 있을 것이다.

두 얼굴은 인상이 완전히 달라 보이는데, 실은 같은 사진을 좌우 반전했을 뿐이다. 어떤가? 좌우를 뒤집기만 해도 이렇게나 얼굴 인상이 바뀌다니 놀랍지 않은가? 좌우를 반전한 효과는 큰데, 이는 거울에 비친 얼굴이 남에게 보이는 얼굴과는 다르다는 사실과도 관련된다.

이 얼굴에는 한 가지 비밀이 더 숨겨져 있다. 실은 이 얼굴은 두 개의 다른 얼굴을 반반씩 붙인 것이다. 한쪽은 여성의 얼굴, 다른 한쪽

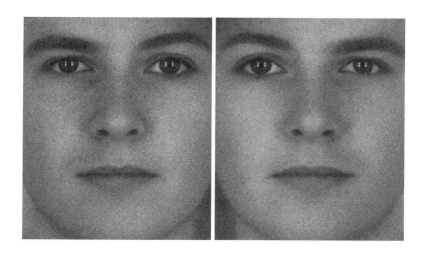

그림 1-1  **어느 쪽 얼굴이 더 여성스러운가?**
이 사진은 여성과 남성의 얼굴을 정중앙에서 반반씩 붙여서 좌우를 반전한 것이다.
같은 얼굴이지만, 얼굴 왼쪽이 여성일 때 더 여성스러워 보인다. 수수께끼의 비밀은 본문에 있다.

은 남성의 얼굴이다. 왼쪽 사진은 우리가 볼 때 왼쪽이 남성이고 오른쪽이 여성이다. 오른쪽 사진은 반대로 우리가 볼 때 왼쪽이 여성이고 오른쪽이 남성이다.

좌우로 남성과 여성을 붙여 놓았기에 즉 둘 다 여성과 남성이 반반이어서 더 여성스러운 쪽이 어디냐는 당초의 질문에 정답은 없는 것이다. 하지만 대부분의 사람은 오른쪽 얼굴이 여성스럽다고 답한다. 즉 우리가 볼 때 왼쪽에 있는 얼굴이 인상을 결정함을 알 수 있다.

얼굴의 느낌을 다르게 하는 열쇠는 얼굴을 보는 뇌의 작용에 있다. 얼굴을 볼 때 주로 작동하는 부위가 뇌의 오른쪽에 있기 때문이다. 그리고 복잡하게도 좌우 각각의 뇌에는 눈앞 시야의 반대쪽 영상이 입력된다. 즉 얼굴을 볼 때 활약하는 우뇌는 시야의 왼쪽에 보이는 얼굴을 분담하고 있다. 왼쪽에 보이는 얼굴이 얼굴을 담당하는 뇌에 영향을 주어 인상을 강하게 만들어 낸다고 할 수 있는 것이다.

이 현상은 연구자가 이해하기 쉽게 만든 사진을 통해 확인할 수 있는데, 일상생활에서도 똑같이 일어나고 있다. 일상생활에서는 오른쪽 얼굴이 왼쪽 시야에 들어오지만, 거울 속 얼굴에서는 왼쪽 얼굴이 들어오게 되어 버린다. 거울은 얼굴을 좌우 역전시켜 비추므로 인상이 강한 얼굴이 좌우 역전되는 것이다. 그 때문에 거울 속 얼굴은 인상이 달라 보인다고 생각된다.

거울을 보고 체크하는 자기 얼굴은 모두가 보는 얼굴과는 다른 것이라 할 수 있다. 앞에서 언급했듯이, 자기 얼굴은 실제로는 볼 수가 없다. 게다가 실제 얼굴은 늘 움직이고 있어서, 다양한 표정으로 변화하는 얼굴을 보이고 있는 법이다. 그것만으로도 거울 앞에서 모양 잡고 비춰 보는 얼굴과 실제의 얼굴, 그 둘의 인상은 전혀 다르다 할 것이다.

오늘 자기 얼굴이 좋은지 좋지 않은지 정확히 판단할 방법은 없을까? 여기에는 발상의 전환이 필요하다. '얼굴은 사회 속에 있다'는 것, 이것이 힌트다.

그 답은 자신이 아니라 주위 사람의 얼굴을 살펴보면 된다는 것이다. 사람은 얼굴과 얼굴로 이어져 있다. 내가 좋은 얼굴을 하고 있으면, 상대방도 분명 좋은 얼굴을 하고 있을 것이다. 그리고 그야말로 남을 불쾌하게 하는 얼굴을 하고 있으면 상대방의 얼굴로 그 사실을 알 수 있을 것이다. 그러므로 주위 사람이 어떤 얼굴을 하고 있는가, 좋은 얼굴을 하고 있는가, 가끔 관찰해 보는 것도 필요할지 모른다.

## '잘 안 풀리는 얼굴'과 어떻게 지낼까

지금까지의 이야기로 조금씩 얼굴의 본질을 알게 되지 않았는지?

얼굴이란 성별과 나이를 아는 단서이고 그 사람이 누군지를 알게 해 주는 것이며 표정으로 자신의 현 상태를 전하는 것이기도 하다. 그뿐만 아니라 우리는 얼굴로 서로 연결된다. 상대방 사정을 살피고 자기 상황을 전함으로써 사회를 구성하고, 동료들과 잘 생활하는지 서로 살피는 단서가 되기도 하는 것이다.

얼굴을 알고 얼굴을 능숙하게 잘 쓰도록 하는 것이 이 책의 목표다. 그 목표를 제시하는 이 장의 마무리는 거꾸로 생각해 보는 것으로 하자. '잘 안 풀리는 얼굴'이란 어떤 얼굴일까?

사회에서 생활을 잘해 가는 것은 상당히 어려운 일이다. 멀리 갈 것 없이, 반 친구들과 사이좋게 지내기도 꽤나 어렵지 않은가. 정말 대수롭지 않은 일로 서로 엇갈린다. 남을 너무 신경 쓰고 있지는 않은지? 상대방과 눈을 맞추고 이야기할 수는 있는지? 얼굴은 자기표현이기도 하다. 좋은 얼굴이란 자기를 잘 표현하는 얼굴을 뜻한다. 좋은 얼굴이 되려면 자기 얼굴을 맘에 들어 할 필요가 있지 않을까?

이번에는 주위를 둘러보자. 학급 내 그룹에서 소원해져 버리는 아이는 없는가? 왜 고립되어 버리는 것일까? 어떤 점이 문제일까? 상대방의 의도를 알아차릴 수 없어 피해 버린다. 다른 사람과 관계를 잘 맺을 수 없다. 그런 사람들도 있는 것이다. 앞서 말했듯이, 얼굴과 표정을 보는 능력의 능숙함과 서투름은 큰 문제일지 모른다.

최근 연구에서, 얼굴 보는 능력에는 편차가 있으며 모두가 당연히 지니고 있다고 여겨지는 얼굴 보는 능력을 타고나지 못한 사람이 있다는 사실이 밝혀졌다. 이런 사람들은 반 친구 얼굴을 기억할 수 없고 남의 표정을 읽을 수 없다. 그것도 학교 같은 집단생활 속에서는 문제의 씨앗이 될 것이다. 노력해도 남의 마음을 알아차리는 데 서툰 사람이 있다는 것인데, 결코 악의가 있어서 그런 것은 아닌 듯하다.

동물에도 고립하는 개체가 있다. 특이한 개체와 약한 개체를 배척하는 것은 야생 동물에서도 관찰할 수 있다. 이질적인 것의 배제는 유전자의 균일성을 지키려는 장치에서 온 것이다.

하지만 이 점에서 인간과 다른 생물 간에는 큰 획을 긋는 차이가 있는 것이 아닐까? 동물은 본능적으로 먹이와 영역을 둘러싼 싸움을 계속 벌이지만, 인간은 지혜를 써서 사회와 문화를 만들어 내어 이러한 다툼에서 벗어날 수도 있는 것이다.

그렇지만 우리 안에도 생물로서의 본능이 남아 있다. 생물의 본능으로 무심코 누군가를 거절하고 싶어지는 마음이 솟아날 수도 있을 것이다. 그러나 이 본능을 따르는 것은 대단히 위험하다.

왜냐하면 사회와 문화를 구축한 인간에게는 더 섬세하고 민감하게 상대방의 차이를 알아내는 능력이 있기 때문이다. 상대방의 표정과 반응 방식에 다소 위화감을 갖는 일도 종종 있을지 모른다. 게다가 인간은 다른 어떤 동물보다도 이 위화감에 민감하다. 그렇기에 어떤 동물보다도 가벼운 거절 반응이 더 많이 일어나게 된다. 이 과잉 반응에 안이하게 따르면 많은 사람을 무의미하게 거절하고 상처를 줄 수도 있다.

하지만 어떤 개체를 거절하는 것이 설사 선천적인 본능에 있다 하더라도 인간에게는 바꿀 힘이 있다. 자신의 감각에 휘둘리지 않고 지식과 머리를 써서 냉정하게 사태를 생각해 보면 어떨까? 결과적으로 그것이 모두의 좋은 얼굴로 이어지는 일이 될 것이다.

# 2장

# 의사소통으로서의 얼굴

## : 사회성이란 무엇일까?

소피 앤더슨의 《웃음이 터질 듯한》(1857년)

## 첫인상의 마법

친구를 앞에 두고 개의치 않고 자기 페이스로 한없이 이야기를 늘어놓는 사람은 많지 않을 것이다. 한편, 강연회같이 다수를 앞에 두고 이야기할 때는 그러한 태도도 필요하다.

여럿 앞에서 이야기해야 할 때 누구든 다소 긴장한다. 그런대로 안정을 찾아 무대에 서도 자리를 메운 청중의 얼굴을 보면 가슴이 두근두근한다. 그런 때에는 눈앞에 있는 것이 '사람이 아니라 수박이다' 여기면 묘하게도 잘될 때가 있다.

원래 이야기하는 것만 놓고 보면 상대방의 수가 많고 적음은 관계 없을 텐데, 우리는 아무래도 상대방의 얼굴을 보고 이야기를 하며 기색을 살피려 한다. 인간은 진화 과정에서 말을 획득했고, 말을 사용함으로써 의사소통을 할 수 있게 되었다. 하지만 인간과 인간은 말만으로 연결되지 않는다.

우리는 눈앞에 있는 사람의 반응을 신경 쓰지만, 그 수가 너무나 많으면 대응할 방법이 없어지는 듯하다. 그렇지만 여럿 중에서 아는 얼굴이 있으면 안심이 된다. 우락부락한 얼굴만 있으면 긴장하지만, 자기 이야기에 웃어 주는 얼굴을 보면 안심할 수 있다.

우리가 신경 쓰는 것은 얼굴인 것이다.

모르는 사람들로 북적대는 입학식에서 누구에게 말을 걸까 망설일 때 마음을 정하는 기준은 외모와 얼굴이지 않은가? 어쩐지 상냥해 보이는 사람은 말을 걸기 쉬울 것이다. 무서운 얼굴을 한 사람에게는 말을 걸기 어려운 면이 있다.

새 학기에 새 담임 선생님이 발표되면 가슴이 불안과 기대로 가득 찬다. 어떤 선생님일지가 가장 마음에 걸리는데, 남자인지 여자인지 몇 살쯤인지 엄할지 부드러울지 등을 얼굴 생김새에서 알아내려 하지 않는가.

이런 실험이 있다. 미국 프린스턴 대학의 토도로프Alexander Todorov 교수가 대학생을 상대로 행한 실험인데, 후보자의 얼굴과 풍모만으로 선거 결과를 알 수 있다는 충격적인 내용을 담은 것이다.

실험은 미국 상원의원과 주지사 선거를 목전에 두고 계획되었다. 각 지역의 후보자 중에서 경합하는 후보자를 두 명 골라 그 얼굴을 짝으로 늘어놓고 단시간에 '어느 쪽이 유능할까' 판단하도록 한 것이다. 실험은 선거 전에 학생이 알지 못하는 지역의 후보자를 골라 이루어졌다. 즉 학생들은 얼굴 이외의 정보는 전혀 없는 상태에서 판단을 한 것이다. 몇 주 후에 선거 결과와 실험 결과를 맞춰 보니 유능함에 대한 판단에서 약 70퍼센트의 확률로 당선을 예측할 수 있음이 밝혀졌다.

이어 이웃 나라 선거를 예측할 수 있을지도 연구했다. 멕시코 선거 후보자를 미국 대학생에게 판정하게 한 것이다. 그런데 멕시코인이 유능하다고 하는 풍모는 당당한 체격에 수염을 기른 얼굴이고, 미국인이 유능하다고 하는 풍모는 할리우드 영화에 나오는 변호사나 비즈니스맨처럼 더 현대적이고 날씬한 느낌이다. 외양이 전혀 달라서 예측은 어려우리라고 여겨졌다. 하지만 의외로 미국 대학생은 멕시코인의 당락도 예측할 수 있었다.

신기하게도 이러한 판단에는 첫인상이라고도 할 수 있는 순간적인 판단이 중요한 듯하다. 보고 판단하는 시간이 길어지면 선거 예측률이 낮아진다고도 한다. 얼굴의 첫인상은 의외로 강력한 요인임을 알 수 있다. 다음으로 얼굴 보는 능력을 살펴보자.

## '얼굴이 보이지 않는' 사람들

'얼굴을 본다'는 중요한 능력은 뇌의 작동에 의해 뒷받침된다. 그것을 뚜렷이 알 수 있는 것은 장애를 입었을 때다.

뇌졸중과 뇌경색 등 뇌혈관 병으로 언어 능력에 장애를 입는 일은 비교적 흔하다. 머리는 멀쩡한데 말을 못 해 의사소통이 되지 않아서 겪는 괴로움은 무척 크다. 말을 되찾는 재활도 큰일이다. 언어와 관련된 뇌는 남의 말을 이해하는 것과 말하는 것을 제각각 다른 부분이 분담하고 있어서 언어 재활을 전문으로 하는 '언어 청각사'라는 전문직까지 있다.

언어를 담당하는 뇌는 왼쪽에 있는 데 비해 얼굴을 담당하는 뇌는 앞에서도 설명했듯이 오른쪽에 있다. 반대쪽에 각기 위치한 데서 언어와 얼굴을 보는 것은 대조적인 능력임을 짐작할 수 있다.

언어 장애보다는 소수지만 뇌 손상으로 얼굴을 보는 능력만 장애를 입는 경우도 있다. 언어 장애는 입에서 말이 나오지 않아 누구나 단박에 알 수 있는데, 그와 달리 얼굴을 보는 능력의 결함은 본인조차도 무엇이 문제인지 알지 못하는 경우가 있다.

'인상을 몰라보게 되었다'며 신경정신과에 달려온 환자가 있었다고 한다. 의사도 임상 심리사도 이야기를 듣고 '인상이 뭐지? 점쟁이인가?' 하며 고민했다 한다. 의사와 환자 중간에서 심리 검사를 하고 이야기를 듣는 사람이 임상 심리사다. 그래서 임상 심리사가 차분히 이야기를 끌어내니 아들, 며느리의 표정과 얼굴을 구별 못 해 곤란을 겪고 있는 것이었다. 본인은 얼굴을 보는 데 능력이 존재하리라고는 전혀 의식하지 못했을 것이다. 심리사가 테스트를 해서 얼굴 보는 능력에 문제가 있음이 분명해졌다고 한다.

친했던 사람의 얼굴이 모두 똑같은 풍선을 늘어놓은 듯이 보여서 전혀 구별 못 한다는 환자도 있다. 이런 사람들은 복잡한 거리에서 가족과 만날 약속을 하는 것이 무섭다고 호소한다. 많은 사람들 속에서 아내와 아이의 얼굴을 찾아낼 수 없어서 가족을 실망시키게 되는 것이다. 외출할 때 입었던 옷의 색깔과 형태를 필사적으로 외워서 옷을 단서로 찾아내는 일도 있는 듯하다. 이처럼 얼굴을 인식할 수 없게 되는 증상을 '안면 실인증'이라 한다.

살인마의 습격을 받아 안면 실인증이 된 주인공을 그린 미국의 서스펜스 영화가 있다. 거울을 볼 때마다 자기 얼굴이 다른 사람으로 보이는 공포, 그리고 가족에게 안면 실인증을 들키지 않으려고 넥타이 무늬로 남편을 기억한다는 이야기가 인상적이었다. 살인마는 이 넥타이 무늬를 이용해 주인공을 꾀어낸다. 일부러 남편과 같은 무늬의 넥타이를 매고 연회장에서 기다리는 것이다. 자기를 죽이려는 범인을 남편이라 믿고 다정하게 이야기를 이어 가는 주인공의 행동에서는 한없는 공포가 느껴진다.

하지만 여기서 나는 '이 영화는 좀 잘못됐네.'라고 생각했다. 안면 실인증으로 알지 못하는 것은 얼굴뿐이다. 목소리를 들으면 상대방이 누구인지 알게 되기에 넥타이를 바꾼 범인이 가짜라고 곧바로 알아차릴 수 있는 것이다.

# 얼굴을 보는 것과 뇌

'안면 실인증'이란 일반적인 '실인증'이 얼굴에만 특별히 나타난다는 의미이기도 하다. 일반적인 실인증이란 '물체 실인증'을 가리키며, 눈과 시력에는 문제가 없어 선의 기울기나 방향은 알지만 눈앞에 있는 물체를 보고도 그것이 무엇인지 알지 못하는 상태다.

눈은 보이는데도 그것이 무엇인지 모른다는 점에서는 안면 실인증과 닮았으나, 희한하게도 물체 실인증에서는 얼굴이 보이고 안면 실인증에서는 물체가 보이는 것이다. 예를 들어 물체 실인증인 사람에게 트럼프를 보이면 그것이 트럼프인지 모른다. 하지만 조커, 퀸의 얼굴이 있는 것은 안다. 안면 실인증인 사람도 보이지 않는 것은 얼굴뿐으로, 앞서 말했듯이 얼굴 외의 것, 양복과 넥타이의 색깔과 무늬는 안다.

얼굴을 구별하는 데 관련된 뇌 부위를 여기서 그림으로 보면서 확인해 두자.<sup>그림 2-1</sup> 눈으로 본 영상은 대뇌의 가장 뒤편에 도달한다. 여기서 선의 기울기와 방향이라는 단순한 정보가 추려진다. 이러한 시각에 관련된 단순한 정보가 통합되어 뇌의 옆쪽(측두)으로 정보가 흘러간다.

이 뇌의 옆쪽(측두)은 물체를 인식하는 것과 관련된 영역이기도 하다. 얼굴을 인식하는 부분은 이 물체 인식과 관련된 측두엽 중에서도 특별한 곳에 있다. 게다가 여러 부위로 나뉜다는 것이 알려져 있

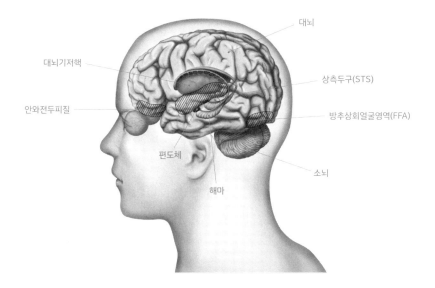

그림 2-1  얼굴을 보는 것과 관련된 뇌 부위는 여럿으로 나뉘어 있다. 방추상회얼굴영역(FFA)은 얼굴로 인물을 판단할 때, 상측두구(STS)는 표정과 시선을 볼 때, 편도체는 공포의 표정에 반응할 때 작동한다고 한다. 또 안와전두피질은 웃는 얼굴과 매력적인 얼굴에 반응한다고 한다. 해마는 얼굴의 기억과 관련된 뇌 부위다. 그림 2-5도 보라.  일러스트 제작: (주)렌리

다. 얼굴 인식은 물체 인식의 일부이지만 더 특수화되어 있는 것이다.

왜냐하면 얼굴에 관해서는 엄청나게 많은 정보를 읽어 내야만 하기 때문이다. 얼굴 이외의 물체라면 트럼프라면 트럼프, 귤이라면 귤로 끝나지만, 얼굴의 경우는 그것이 누구 얼굴로 어떤 사람이며 지금 어떤 표정인가 등 다양한 정보로 넘쳐 나기 때문이다. 게다가 얼굴은 감정에 호소한다. 친한 친구의 웃음 띤 얼굴을 보고 기쁜 마음이 들거나, 배신한 지인의 얼굴을 보고 기분이 나빠지거나. 이것도 얼굴 이외의 물체에는 일어나지 않는 현상일 것이다. 얼굴을 볼 때 뇌의 여러

부분을 움직이게 하고 있는 것이다.

얼굴로 인물을 판단할 때 활동하는 것이 방추상회얼굴영역Fusiform Face Area: FFA이고, 표정과 시선을 볼 때 활동하는 것이 상측두구Superior Temporal Sulcus: STS, 감정을 어지럽히는 공포의 표정에 반응하는 것이 편도체라고 한다. 얼굴을 보는 데서 가장 중요한 곳이 상측두구로 정확히 귀 안쪽에 있다. 지금까지 말했듯이 특히 오른쪽의 활동이 강하다고 한다. 여기에 장애를 입으면 안면 실인증이 되는 것이다.

## 얼굴을 보는 뇌의 성립

이처럼 '얼굴을 특별 대우' 하는 이유로는 사람의 뇌는 선천적으로 얼굴 보는 능력을 지니고 있기 때문이라는 설과 많은 얼굴을 보기 때문이라는 설이 있다.

사람에게 선천적으로 얼굴 보는 능력이 있다는 것은 틀림없는 듯하다. 우리 연구실에서는 아기의 얼굴 보는 능력을 연구하고 있다. 공동 연구 중인 이탈리아 대학은 신생아에 대한 실험을 계속해 온 독창적인 연구실이다. 산부인과 병원 안에 실험실을 갖추어서 출산을 마친 엄마가 허락하면 언제든 실험을 할 수 있는 것이다. 느긋한 이탈리아 특유의 분위기를 풍기는 연구실이다.

갓 태어나 사람 얼굴을 거의 본 적이 없는 아기라도 얼굴을 보여

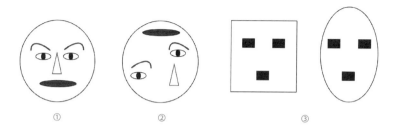

그림 2-2    갓 태어난 아기라도 얼굴을 알고 주목한다.
①에는 주목하지만 ②에는 주목하지 않는다. 눈, 코, 입의 부분보다도 '배치'가 중요해서 ③에도 주목하는 것이다.

주면 좋아하며 본다는 사실은 1970년대에 발견되었다. 갓 태어났을 때는 시력이 나빠서(0.02 정도밖에 안 된다), 뚜렷한 선으로 그려진 단순한 얼굴 일러스트가 실험에 사용된다. 얼굴 일러스트면 좋아하지만그림 2-2①, 눈, 코, 입을 뿔뿔이 흩어 놓은 후쿠와라이° 같은 얼굴은 좋아하지 않는다는 사실에서그림 2-2② 아기는 얼굴 그 자체를 보고 있는 것이라고 해석되었다.

나아가 이탈리아 그룹은 눈, 코, 입의 배치가 중요하고 무엇을 늘어놓는가는 상관없다는 사실을 발견했다. 그림 2-2③에 있듯이 얼굴과 눈, 코, 입의 모양이 둥글든 네모나든 위쪽에 많고 아래쪽에 하나라는 얼굴다운 배치가 중요한 것이다. 그렇게 배치되어 있으면 얼굴

---

° 눈을 가린 후, 얼굴 윤곽만 그려진 종이 위에 눈썹, 눈, 코, 입 모양 종잇조각을 얼마나 잘 놓았는지를 겨루거나 우스꽝스럽게 만들어진 얼굴을 즐기는 놀이. 일본 설날 놀이의 하나다. (이곳을 비롯해 본문 하단의 각주는 모두 역주다.)

이라고 간주된다는 것이다. 눈, 코, 입의 형태는 어찌 됐든 상관없다는 뜻으로 놀랄 만한 발견이다.

이는 매우 흥미로운 발견인데, 왜냐하면 우리 어른에게도 같은 면이 있기 때문이다. 20년쯤 전에 인간 얼굴과 닮은 모양을 한 잉어가 '인면어'人面魚라고 불리며 대단히 화제가 되었다. 그것도 그 하나라 하겠다.

집과 꽃 등 다양한 사물에서 얼굴을 찾아내 즐기는 일도 있다. 얼굴이 아닌 데서 얼굴을 찾는 것은 파레이돌리아pareidolia나 시뮬라크르simulacre라고 한다.그림 2-3 온 세계 사람들이 모은 이미지를 즐기는 인터넷 사이트도 있고 책으로 출판될 정도로 인기다.

파레이돌리아의 핵심은 눈, 코, 입 3점의 배치다. 그것이 눈과 코와 입이 아니어도 그와 같은 배치면 얼굴로 보이는 것이다. 나무옹이와 벽의 얼룩 등에 얼굴이 보여 거기에 사람이 있는 듯이 생각되는 것도 그런 까닭이지 않을까 싶다.

눈, 코, 입의 배치를 기준으로 얼굴을 보는 것은 타고난 성질이라 할 수 있다. 이를 바탕으로 주위에서 얼굴을 찾아 많이 보고 또 그것이 얼굴 학습으로 이어지는 것이다.

아기는 태어난 지 이틀 정도면 엄마 얼굴을 좋아한다고 한다. 다만 이 시기의 얼굴 보는 능력은 아직 충분하지 못해서 스카프로 머리 모양을 감추면 몰라본다. 커서도 그런 식으로 얼굴을 보면 큰일 나겠지? 모자를 썼다고, 머리 모양이 바뀌었다고 친구 얼굴을 몰라보았다

그림 2-3 **파레이돌리아의 예** 다양한 사물에서 얼굴을 발견하는 핵심은 눈, 코, 입의 배치다.
주변에 있는 많은 사물에서 얼굴을 찾아 즐길 수 있다.

① 16세기 이탈리아 화가 주세페 아르침볼도(Giuseppe Arcimboldo) 작품
② 일본 우키요에[에도 시대에 서민 계층을 기반으로 발달한 풍속화] 작가 우타가와 구니요시의 작품
③ 호두나무의 겨울눈과 잎이 붙어 있던 흔적
④ 말린 가오리. '눈'처럼 보이는 것은 콧구멍이고, 진짜 눈은 뒤편에 있다.(사진 제공: 마린월드 바닷속 길)

해도 믿어 주지 않을 것이며 어색해지는 일도 있을 것이다.

태어나서 8개월쯤 지나면 얼굴 보는 능력은 거의 어른 수준으로 성장해 간다. 우리 연구실에서는, 얼굴을 보면 일어나는 뇌의 우측 측두의 활동을 이 시기에 이미 관찰할 수 있음을 발견했다. 아기가 말을 하는 시기가 두 살 무렵인 것을 감안하면 얼굴 보는 능력이 일찍 발달함을 알 수 있다.

얼굴 학습은 얼굴의 배치를 찾아 많이 봄으로써 이루어진다. 그때 대상은 얼굴이 아니어도 상관없다고 주장하는 연구 그룹도 있다. 예를 들어 개나 소를 키우는 사람이나 자동차 세일즈맨 등이 같은 종류의 개나 소나 자동차를 많이 기억하는 것도 얼굴 학습과 같다는 주장이다. 얼굴에 특별한 뇌 영역은 얼굴에만 특별한 것이 아니라 닮은 대상을 기억할 때 쓰는 것이라는 뜻이다.

그들의 실험에서는 탐조가(야생 조류 관찰자)가 다양한 종류의 새를 볼 때도 얼굴을 볼 때 활동하는 것과 동일하게 뇌가 반응을 보인다는 점이 밝혀졌다. 또 안면 실인증에 걸렸을 때, 얼굴을 보는 능력만이 아니라 새를 구별하는 능력도 잃어버린 증례가 있다고 한다.

## 얼굴 학습은 30세까지 계속된다

이런 점에서 얼굴을 보는 데는 학습도 중요함을 알 수 있다.

얼굴 학습은 놀랍게도 30세가 될 때까지 이어진다고 한다. 매우 오랜 학습임을 알 수 있다. 다만 학습이 밋밋하게 이어지는 것이 아니라 중요한 전환점이 몇인가 있는 것 같다. 앞서 말한 생후 8개월과 학령기, 사춘기 그리고 마지막이 30세다.

각각의 시기에서 무엇이 변하는가 하면 본인에게 소중한 대상, 기억해야 할 대상이 바뀐다. 아기 때 소중한 얼굴은 엄마와 가족이었다. 그것이 초등학교에 올라가면 급우와 친구로 바뀐다. 사춘기가 되면 이성 친구, 그 후 가정을 꾸리면 가족으로, 소중한 대상과 상황은 때에 따라 변해 간다. 다양한 얼굴과 만나 그 상황이 변해 가는 것이 성장의 핵심일지도 모른다.

여기서 중요한 점은 이 소중한 대상에 대한 감정적인 유대가 강하다는 것이다. 그것은 앞서 소개한 뇌 속 편도체의 작용에 의한 것이다. 편도체는 공포에 반응하는데, 소중한 대상에게서 배신을 당하거나 상처를 입는 일은 큰 공포 중 하나다.

눈치 빠른 사람은 알아차렸을까? 어릴 때에는 가족에, 커 가면서는 동료에, 다 커서는 파트너에 배신을 당하거나 상처 입는 일이 큰 공포다. 그것은 결코 사소한 문제가 아니라 뇌에 깊은 상처를 준다고 알려져 있다.

신문과 텔레비전에서도 화제가 되는 학대와 왕따, 신뢰하는 파트너의 폭력 등에는 편도체가 강하게 반응하는 것이다. PTSD(외상 후 스트레스 장애)라는 말을 들어 본 적 있을지 모르겠다. 강한 정신적인 충격을 받아서 생기는 스트레스 장애로 아동 학대와 왕따, 괴롭힘 등의 원인으로 생긴다고 한다.

하버드 대학교 의과대학과 도호쿠 대학교 의과대학의 연구로 이런 심리적 반응은 뇌의 과잉 반응 및 상처와 관계가 있음이 밝혀졌다. 하버드 대학 연구에서는 무보수로 모인 많은 사람들의 뇌 활동을 계측하고 과거 경험을 조사해서 다양한 시기의 다양한 심적 스트레스로 뇌의 특정한 부분의 용량과 신경세포의 결합에 문제가 발생함을 밝혀내었다.

견디기 힘든 상황에 지속적으로 노출되면, 편도체와 그 주변 뇌가 상처를 입을 뿐만 아니라 편도체가 계속 과잉 반응을 하게 되거나 편도체의 크기가 작아지는 일도 있는 것이다.

이 영향은 성장함에 따라 변한다는 점에도 주의할 필요가 있다. 편도체는 사춘기까지 성장을 이어 간다고 한다. 그 때문에 편도체가 성숙하지 않은 사춘기에는 공포를 느끼기 어려울 때도 있다고 한다. 공포감이 희박하면, 생명이 위태로워질 수 있는 위험한 행동을 해 버리거나 싸우다가 상대방을 죽음에 이를 때까지 상처를 입히는 등, 어른은 생각지 못할 행동을 저지를 수도 있다. 뇌의 발달상으로는 아직 미성숙한 상태인데 그런 시기에 서로 상처를 입히는 것은 먼 훗날 돌이킬 수 없는 후회로 이어질 수도 있음을 마음에 새겨 두자.

그러면 어른이 될 때까지 도대체 얼마만큼의 얼굴과 만나 마음에 각인하게 될까? 매년 새롭게 만나는 반 친구 등은 얼굴과 이름을 함께 기억한다. 그 수는 매년 50명쯤 될까? 반 친구가 아니라도 같은 학교에 다니면 어쩐지 기억의 한구석에 있지 않을까? 만났을 때 직감적으로 떠오르는 '아는데'라는 느낌, 이 감각은 얼굴을 기억하는 데 중요하다.

설령 이름은 외우고 있지 않아도 이 감각에 걸리는 얼굴을 헤아리면 방대한 수가 되겠지. 아마 1,000 단위의 수이지 않을까 싶은데, 저마다 얼마나 되는지는 그 사람의 만남의 방식 나름일지 모른다. 연구자 사이에서도 얼굴을 얼마만큼 기억할 수 있는가에 관해서는 확실히 밝혀져 있지 않다.

어쨌든 압도적으로 많은 수의 얼굴과 만나 여러 감정을 경험하는 것, 그것이 매우 중요한 일인 것이다.

## 얼굴을 보는 것의 불가사의

어른이 되어 몇십 년이나 못 만났던 친구와 재회한다고 하자. 반 친구 얼굴과 이름을 생각해 낼 수 있을까? 옛날 친구와 만나 제대로 이름을 생각해 낼 수 없어도 왠지 정겹다는 독특한 감정을 품는 일은 없는가. 그것은 얼굴을 보는 일의 중요한 또 한 가지 측면이기도 하다.

실은 얼굴을 보는 능력을 잃어버린 앞서의 안면 실인증 환자도 이런 능력은 지니고 있음을 실험에서 밝혀냈다. 환자는 '누구인지 모른다'고 주장해도 거짓말 탐지기에 쓰는 정신전기반응을 이용해 보면 지인의 얼굴에 반응했던 것이다. 정신전기반응은 거짓말을 한 경우에 땀을 흘려 반응하는 잠재적인 반응을 포착할 수 있다. 물론 거짓말만이 아니라 정겹다는 감정에도 민감하게 반응한다.

즉 의식으로는 '아내 얼굴' '아이 얼굴'이라고 판단할 수 없어도 친근한 사람들의 얼굴을 보면 몸이 반응하는데, 이는 잠재적인 의식으로 느끼고 있을 가능성을 뜻하는 것이다.

그러면 얼굴을 보는 잠재적인 능력만 잃어버리면 도대체 어떤 사태가 벌어질까? 그 힌트가 되는 것이 안면 실인증과는 반대 상황에 있는 카프그라Capgras 증후군 환자다. 이제까지 카프그라 증후군은 강한 망상 증상이라고 여겨졌다. 환자는 친근한 가족과 친구들이 겉모습만 같은 가짜가 되어 버렸다고 주장하는 것이다.

그런데 정신전기반응을 조사해 보았더니 신체적인 반응에 문제가 있음이 드러났다. 친근한 사람의 얼굴 사진을 보여 주는 실험에서 카프그라 증후군 환자들은 그 얼굴이 정확히 누구인지 알 수 있었다. 하지만 통상이라면 일어날 법한 정신전기반응을 전혀 보이지 않았던 것이다.

이는 안면 실인증과는 정반대의 상태다. 의식으로는 각 사람의 얼굴을 인식할 수 있지만 그에 대한 잠재적인 감각이 수반되지 않아서 위화감과 거부감을 지니는 것이다. 소중한 사람의 얼굴을 보고 정겨운 감정이 일지 않는 것은 매우 괴로운 일이다. 자기의 소중한 것을 잃은 기분이 들 수도 있다. 그런 괴로운 마음의 상태를 감추려고 '우주인과 뒤바뀌었다'는 등 이해하기 힘든 상황으로 치환해 해석하는 듯하다.


## 어디에서든 얼굴이 보인다!

치매 환자 중에도 얼굴을 보는 능력이 이상해져 버리는 사람들이 있는 것 같다. 나이가 들면서 생기는 치매에는 흔히 아는 알츠하이머형 이외에 여러 타입이 있는데, 1976년 일본에서 발견된 루이소체형 치매도 그중 하나다. 이 치매의 특징은 침대 위에 아이가 있다거나 호주머니 속에 난쟁이가 있다고 하는 환시와 망상이 나타나는 것이라고 한다.

이런 환자에게 얼굴을 보는 실험을 해 보았다. 앞서 파레이돌리아 그림 2-3 참조에서 설명한, 얼굴이 아닌 것에서 얼굴을 발견하는 능력을 조사해 본 것이다. 실험에서는 누구라도 얼굴을 발견할 수 있는 그림과 누가 보아도 얼굴로 보이지 않는 그림을 환자들에게 보여 주었다.

환자들이 파레이돌리아 그림에서 얼굴을 발견하는 것은 심신이 건강한 이들과 차이가 없었다. 하지만 그들은 누가 보아도 얼굴로 보이지 않는 그림에서도 연이어 얼굴을 찾아내었다. 게다가 아이 얼굴, 남자 얼굴, 여자 얼굴, 동물 얼굴, 개 얼굴 등 어떤 얼굴인가에 대해서도

그림 2-4　**루빈의 잔**
중앙에 주목하면 잔으로 보이고 옆에 주목하면 두 옆
얼굴로 보이는, '전경과 배경의 역전'을 일으키는 '다의
도형'(애매도형)이다. 대개는 중앙에 주목하므로 '잔'
의 형태를 인식하기 쉬운데, '얼굴'은 주변에 있을 때도
주의를 끌어 '잔'만큼 잘 인식할 수 있다.

풍성하게 이야기를 꺼낸다. 일반적으로는 설령 얼굴이 보인다고 해도
어떤 얼굴인지까지는 이만큼 풍성하게 인식할 수 없지 않을까?

　루이소체형 치매 환자는 얼굴이 너무 잘 보이고 상상력이 넘쳐 어
떤 얼굴인지까지 인식하는 경향이 있음이 밝혀졌다. 그들의 망상의
원인은 얼굴이 너무 잘 보이는 것에 있는데, 말하자면 얼굴을 검출하
는 장치가 여기저기에 잘못 반응하는 상태였던 것이다.

　원래 얼굴은 주의를 끌기 쉬운 성질이 있다.그림 2-4 참조 또 심신이 건
강한 사람도 경우에 따라서는 비슷한 일이 일어날 가능성이 있다. 담
력 내기를 하거나 귀신이 잘 나온다는 곳을 가거나 유령의 집에 가는
등 공포심이 부추겨지는 상황에서 유령을 보았다고 야단을 부리는 사
람은 없는가? 그 사람은 겁 많은 사람이 아닌가?

　여기에는 공포의 감정을 관장하는 편도체가 관련되어 있다고 여겨

진다. 공포심을 관장하는 편도체가 과민하게 반응함으로써 얼굴을 보는 장치가 오작동을 일으켰을지도 모른다. 그 때문에 보이지 않는 곳에서 얼굴을 보고 그것을 유령이라고 결론지어 버리는 것일 터이다.

## 얼굴을 인식하는 방법과 학습

그런데 여러분은 얼굴을 기억하는 데 얼마나 능한가?

예를 들어 길거리에서 수많은 사람과 지나쳤을 때 그중에서 옛날 반 친구를 찾아낼 수 있을까? 내 친구 중에 신주쿠 역 개찰구의 복잡한 길에서 약 20년 전의 반 친구를 찾아내는 이가 있다. 그중에는 고작 1년쯤 한 반이었던 사람도 있어서 말을 걸어 본인인지 확인하기도 했다 한다.

얼굴을 보는 특출 난 능력인데, 본인은 그 정도는 누구든 할 수 있는 것이라 여겼다고 한다. 특별한 훈련을 받은 것도 아니고 특수한 일을 해 온 것도 아니다. 이 울트라급 얼굴 기억술을 직업으로 살려 부지런히 영업을 하고 있는 것도 아니다.

이처럼 특별한 능력을 지니고 있어도 별 쓸모 없는 경우도 있는 듯하지만, 직업에 따라서는 얼굴을 확실히 기억하는 능력이 요구된다. 접객업과 영업직에서는 손님과 거래처 사람의 얼굴과 이름을 기억하는 것이 중요한 업무의 하나가 될 것이다. 한 번 만났을 뿐인데 고객의 얼굴과 이름을 기억하는 우수한 호텔리어도 있다. 도대체 어떻게 이런 기술을 연마할 수 있는 것일까?

연구를 찾아보면, 다양한 사람의 얼굴을 많이 기억하는 것은 그렇게 쉬운 일이 아님을 알 수 있다. 학생 때는 주로 동급생 얼굴을 기억하면 되지만, 사회에 나오면 연령대가 다양한 수많은 얼굴과 만나 기억에 담아야만 한다. 그것은 꽤 고난도의 일이다.

얼굴을 보는 능력은 자주 보는 얼굴에 특화되기 때문이다. 외국인의 얼굴을 구별할 때 종종 실감할 것이다. 외국 영화를 볼 때 유명한 할리우드 스타는 금방 누군지 알아도, 이름을 모르는 조연 배우의 얼굴은 알아보기 어려운 법이다. 장면이 바뀌어 방금 전과 다른 옷을 입고 등장하면, 누군지 몰라보지 않는가.

그것은 '얼굴 인지의 타인종 효과'라는 현상으로, 이제껏 학습해 온 얼굴의 종류에 의한 것이다. 예를 들어 일본에서 태어나 자라면, 성인이 될 때까지 주변에 있는 일본인의 얼굴만 보고 자라는 경우가 많다. 그리고 얼굴을 보는 능력은 자주 보는 얼굴에 조정되어 간다. 1장에서 소개한 '친근화 선호'와도 관련이 있는 현상이다. 즉 자주 보는 주변 사람의 얼굴을 쉽게 구별하게 되는 것이다. 그리고 그와 함께 보는 횟수가 적은 얼굴, 외국인의 얼굴 등을 구별하기 어려워지는 것이다.

반대로 할리우드 유명인을 좋아하면 특별히 외국인의 얼굴을 잘 기억할 수도 있을 것이다. 그것은 좋아하기에 기억한다기보다 많이 본 경험이 먹혀서일 것이다.

이것은 세대가 다른 얼굴에도 해당된다. 세대가 바뀌면 얼굴 생김새도 바뀐다. 그리고 얼굴을 보는 본인의 연배에 따라 자주 보는 세대의 얼굴은 한정된다. 특히 학교생활을 하는 중고등학생과 대학생까지는 같은 세대와 어울리는 비중이 압도적으로 높을 것이다. 그 탓에 같은 세대면 처음 만난 얼굴도 기억할 수 있지만, 어머니 세대나 할머니 세대의 얼굴을 기억하는 것은 상당히 어려워진다.

이것은 실험에서도 밝혀졌는데, 아기를 자주 접하는 어른은 아기의 얼굴을 구별할 수 있는 데 비해 아기와 접할 기회가 적은 사람은 구별이 어렵다고 한다. 그런데 생후 10개월쯤 된 아기는 같은 아기의 얼굴은 구별할 수 없지만, 어른의 얼굴은 구별한다. 이는 얼굴을 기억하는 구조의 발달과도 관계가 있다.

갓 태어난 아기는 모든 종류의 얼굴을 구별하는 능력을 지니고 있다. 게다가 그 범위는 무한히 넓어 인간의 얼굴에 한정되지 않는다.

예를 들어 동물원에서 마주치는 일본원숭이 각각의 개체를 얼굴로 구별할 수 있는가? 어린 아기라면 그런 것도 할 수 있다. 실험 결과, 생후 6개월인 아기는 원숭이 얼굴이나 인간 얼굴이나 차이 없이 구별할 수 있음이 밝혀졌다. 그러던 것이 생후 9개월이 지나면 어른처럼 원숭이 얼굴을 구별하는 능력은 잃어버리는 것이다.

참으로 이상한 일이지만, 외국어 청취 능력에도 똑같은 현상이 나타난다. 생후 7개월인 아기는 모든 언어의 모음과 자음을 듣고 구분

할 수가 있다. 일본인을 예로 들면, 영어 듣기에서 구별을 못해 고생하는 R과 L의 차이를 생후 7개월까지는 듣고 알 수 있다는 말이다. 그 능력을 생후 10개월이 되면 잃어버리는 것이다.

어른 입장에서는 모든 나라의 언어와 얼굴을 구별할 수 있으면 편리하리라고 여겨진다. 하지만 아이러니하게도 원래 지닌 만능적인 능력을 버리고 다른 나라의 얼굴과 말을 잃어버리는 것이야말로 발달인 것이다.

한 가지 능력에만 한정해 특화함으로써 세세한 얼굴의 구별과 정확한 듣기 능력을 획득할 수 있는 것이다. 예를 들면 생후 4개월 된 아기는 알기 쉬운 특징으로 엄마의 얼굴을 기억하기 때문에 머리 모양이 바뀌면 엄마를 못 알아볼 정도다. 더 안정되고 정확한 인식 능력을 획득하기 위해 얼굴을 보는 능력은 자주 보는 얼굴에만 세련되어 가는 것이다.

## 감정으로 기억하는 얼굴

얼굴을 기억에 새기려면 정동(마음속에 일어나는 순간적인 감정)이나 감정적인 연관을 지니는 것도 중요하다. 이런 이야기가 있다.

회사 안내 데스크에서 그 회사 임원이라고 사칭하며 수중에 돈이 없으니 택시비를 빌려 달라는 금품 사기가 횡행하고 있다고 한다. 대

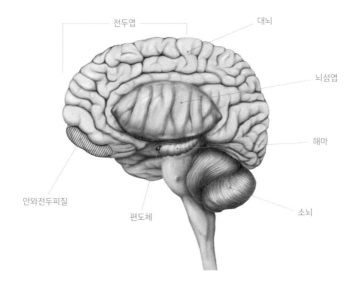

전두엽
대뇌
뇌섬엽
해마
안와전두피질
편도체
소뇌

그림 2-5 **인상을 나쁘거나 좋게 기억하는 것과 관련된 뇌 부위**
보상을 받을 때 활동하는 안와전두피질은 웃는 사람의 얼굴과 이름을 기억할 때 기억 중추인 해마와 함께 작동한다. 반면에 부정적인 정보의 처리에 관여하는 뇌섬엽은 신뢰가 가지 않는 사람의 얼굴과 이름을 기억할 때 해마와 함께 작동한다.

기업이면 임원이 여럿 있어서 안내 직원이 모든 임원의 얼굴을 기억하지는 못한다. 수상쩍다고 생각해 자료를 찾아 얼굴을 대조한 결과 진짜 임원이면 큰일이다.

그 인물은 옷차림이 훌륭하고 당당해서 정말로 임원 같은 풍모였다고 한다. 그리고 "○○○ 씨지? 미안하지만 빌려줄 수 없을까?" 하고 이름까지 불렀다고 한다. 가슴에 단 사원증 이름을 재빨리 읽었겠지. 이름을 불러 주면 고맙다는 마음이 들어 우선 자기 수중의 돈을 빌려 주게 된다 한다. 나중에 찾아보니 임원 중에 그런 인물은 없고 사기였음을 알았다는 것이다.

말을 나눈 것은 단 몇 분이어서 좀처럼 범인 얼굴을 기억할 수 있을 법하지 않다. 그런데 이 피해자는 경찰이 보여 준 사진 중에서 범인이 틀림없는 얼굴을 찾아내어 체포에 이르게 했다 한다.

이 피해자의 얼굴 기억 능력은 꽤 높은 것이라 할 수 있다. 단지 한 번 보았을 뿐인 모르는 사람의 얼굴을, 그것도 선명하게 기억하는 것은 꽤 어려울 듯하다. 어떻게 범인의 얼굴을 기억할 수 있었던 것일까?

피해자의 기억력이 뛰어난 것도 있겠지만 또 하나의 단서로 감정적인 반응이 있다. 연구 결과, 신뢰감이 낮은 얼굴은 기억에 남기 쉽다고 한다. 신뢰해서는 안 된다는 부정적인 마음으로 기억하게 되기 때문이다. 그 때문에 이 감정과 연관된 뇌 영역이 작동하는 것이다. 사기 피해자도 마음속으로 '수상한데' 하고 생각했을지 모른다.

신뢰 가지 않는 사람의 얼굴을 기억할 때의 뇌 활동을 살펴보면, 얼굴과 인물의 부정적인 정보, 사회적·정신적 상처, 징벌 처리에 관여하는 뇌섬엽이 기억에 관련된 해마와 상호 작용하고 있다고 한다. 그림 2-5, 그림 2-1도 참조 인상이 나쁜 얼굴은 그렇지 않은 얼굴에 비해 기억되기 쉽다는 것이다. 빌려준 돈을 갚지 않을 듯한 친구, 수상한 행동을 하는 사람, 방심할 수 없는 사람은 손해를 입지 않도록 머리에 확실히 넣어 둘 필요가 있을 것이다.

마찬가지로 기쁨과 상쾌함 등의 기분 좋은 감정과 결부되어도 얼굴이 기억에 잘 남는다. 처음 만난 사람이 자기를 기억해 주기를 바란다면 가장 좋은 방법은 웃는 얼굴을 보이는 것이다. 웃는 얼굴은 눈에 띄기 쉽고 기억되기 쉽다고 한다. 웃는 얼굴도 매력적인 얼굴도 기억되기 쉬운 것이다. 그때에 작동하는 뇌의 영역은 보상과 관련된 곳이다. 금전적인 보수를 받았을 때 활동하는, 전두엽에 있는 안와전두피질이 기억에 관련된 해마와 함께 작동하는 것이다.

좋아하는 아이돌이 텔레비전에 나오면 흥분하거나 아이돌 쫓아다니기를 즐기기도 한다. 좋아하는 얼굴을 보는 것이 포상이 된다는 사실은 왠지 그냥 직감적으로 알 수 있을 것이다. 그것이 실제로 뇌 안에서 보상이 된다는 점은 흥미롭다.

참고로 얼굴을 감상하는 측이 남성이면 매력적인 얼굴은 여성에거의 한정되지만, 여성의 경우는 남성도 여성도 매력의 대상이 된다한다. 그 증거로 남성지의 표지에는 여성이 태반이나 여성지의 표지에는 여성 모델이 많이 등장한다. 여성에게는 동성의 매력적인 사람도 보상이 될 수 있는 듯하다. 그에 관해서는 6장에서 어떤 얼굴이 매력적인가를 다루며 천천히 설명하겠다.

## 얼굴을 기억하는 요령

여기에서 얼굴을 기억하는 것에 관한 핵심을 복습해 두자.

선생님도 학생 얼굴을 애써서 기억한다. 일정 기간만 학생과 접하는 교육 실습생이어도 반 학생 모두의 얼굴과 이름을 의욕적으로 외운다. 학생 입장에서 보면 선생님이 학생 얼굴을 기억하는 것은 당연할지 모르나 동갑인 몇십 명의 얼굴을 빠짐없이 기억하기란 꽤 힘든 일이다.

이런 이야기가 있다. 학창 시절에 아프리카 중학교에 교육 자원봉사를 간 미국인 이야기다. 눈앞에 있는 학생은 같은 나이 같은 머리 모양을 한 흑인뿐. 처음에는 얼굴조차 구별되지 않았다 한다. 그러다 열흘쯤 되자 얼굴이 구별되고 한 사람 한 사람 기억할 수 있게 되었다는 것이다.

그러면 어떻게 하면 얼굴을 기억할 수 있을까?

텔레비전 프로그램 취재에 협력하다 깨달은 것이 있다. 특별한 능력을 지닌 사육사의 이야기를 다룬 프로그램이었다. 그는 키우고 있는 약 100마리 캥거루의 이름과 그 친족 관계를 모두 파악하고 있었다. 물론 그런 사육사는 한 명뿐이었다.

텔레비전 화면을 보아도 캥거루 얼굴은 모두 똑같아 보인다. 그런데 지목한 개체의 이름을 연이어 틀리지 않고 답할 수 있었던 것이다. 그뿐만 아니라 다른 어미 육아낭에 들어가 있는 새끼를 찾아내고, 그 녀석에게 쫓겨나 외따로 있는 진짜 새끼를 찾아 되돌려 놓고 하는 것이다. 그 모습은 마치 '캥거루 아줌마' 같았다. 이 사육사는 캥거루 한 마리 한 마리의 성격과 사회관계, 친자 관계를 파악하고 있다고 한다.

한편, 사물과 연관 짓거나 연예인에 비유해 애써 외우려는 다른 사육사도 있었지만, 그래서는 전혀 쫓아가지 못했던 듯하다. 승리의 요인은 캥거루 사회에 녹아들어 마치 캥거루 아줌마가 된 듯한 마음을 갖는 것이 아닐까?

얼굴과 이름을 기억하는 것은 타인과 관계를 쌓아 가는 데 중요한 한 걸음이라고 할 수 있다. 얼굴을 기억하는 요령은 사회관계에 있는 듯하다. 거기서부터 생각하면 무엇이 잘못된 기억법인지가 보인다. 예를 들면 연예인에 비유해 외운다거나 사물과 관련지어 외우는 것, 그것은 눈앞 캥거루들의 표면만을 파악했을 뿐 각각의 성격과 사회관계에까지 파고들지 못한 듯이 보인다. 캥거루에게 실례이지 않을까?

이제까지 소개한 것처럼 얼굴을 기억할 때에는 뇌의 다양한 부분이 활동한다. 어떤 이의 얼굴을 보고 멋지다고 생각하거나 불쾌하게 여기는 감정적인 뇌의 작동이 얼굴을 기억할 때에는 필수적인 것이다.

얼굴은 감정적인 연결 고리가 있을 때에야 비로소 기억할 수 있는 것으로 단어나 화학기호 외우기와는 다르다. 단어와 화학기호는 외울 근거가 따로 없어 다른 것과 연관 지어 무미건조하게 외우기도 할 것이다. 하지만 얼굴을 기억할 때에 그렇게 하는 것은 쓸데없는 노력이라고 할 수 있을지 모른다.

다음 단락에서도 말하겠지만, 감정을 써서 뇌를 활성화하는 것이 얼굴을 기억하는 최고 요령이라 하겠다.

# 사춘기 또래 관계

여러분 세대는 진한 인간관계를 피하는 경향이 있을지 모르겠다. 풍파를 일으키는 것은 무서운 일이다. 반대로, 정신없이 풍파를 일으켜대는 듯한 사람도 있다. 둘 다 성인 사회와 비교하면 양극단에 있는 것처럼 보여 어른에게는 이해하기 어려운 면이 있다.

아이와 어른 사이에 놓인 사춘기의 상처 입기 쉬운 충동성은 옛날부터 문학, 영화, 텔레비전과 만화의 단골 소재였다. 제임스 딘과 오자키 유타카˚ 등 사춘기 특유의 흔들리는 마음의 대변자는 각 세대에 있다. 그리고 최근 연구에서 이런 행동의 근거가 뇌에 있음이 밝혀졌다.

공포를 관장하는 편도체는 성인이 될 때까지 성장을 계속하는데, 사춘기에는 어른보다도 과민하게 반응한다고 한다. 예를 들어 불쾌한 상태로 얼굴을 기억하게 될 때 어른보다도 훨씬 강하게 편도체가 활동한다고 알려져 있다. 사춘기 특유의 불안정한 마음은 어른에게는 이해가 되지 않는데, 그것은 어른과 사춘기 뇌에 차이가 있기 때문인 것이다.

참고로, 편도체 활동의 발달 과정을 보면 각 시기에 무엇이 중요한

˚ 尾崎豊(1965~1992), 고등학교 재학 중 데뷔해 학교와 사회의 부조리, 꿈과 사랑, 생의 의미를 노래했다. 젊은이의 공감을 얻으며 우상이 되었으나 26세에 요절했다. 이후 일본 음악에 큰 영향을 끼쳤으며 그의 음악에 담긴 메시지는 지금도 많은 이들의 지지를 받고 있다.

가를 알 수 있다. 예를 들어 모르는 얼굴에 대한 반응은 4세부터 17세에 걸쳐 빈도가 줄어든다고 알려져 있다. 한편으로 공포와 분노의 표정을 보고 불쾌하게 느끼는 반응은 아이에서 사춘기까지 계속 빈도가 늘어나다가 어른이 되어 줄어든다고 한다. 돌이켜 생각하면 어린 시절에는 모르는 사람에게 낯가림을 한 적도 많았다. 그것은 살아남는 데서는 중요한 것으로, 모르는 사람에게 끌려가지 않도록 경계심이 강해졌기 때문일 것이다. 다른 한편, 아이에서 사춘기에 걸쳐서 주위의 정동적인 반응에 더 과민해지는 것을 알 수 있다.

사춘기에 주위 반응에 과민해지는 것은 매우 자연스러운 일인 것이다. 다만, 너무 경계하지 않는 것도 중요하다. 상대방과의 관계에 너무 민감해서 타인과의 관계를 끊어 버리는 것은 본말 전도다. 타인과 너무 거리를 두어서 전혀 접하지 않는 것은 결코 좋은 일이 아니다. 대학까지의 인간관계는 한정된 것이다. 극단이지만, 모델이나 연예 활동을 하는 학생과 평범한 고등학생을 비교하면 만나는 얼굴 수가 3배나 차이 난다고도 한다. 균질적인 동세대 속에 있는 것은 그것만으로 숨 막히는 일이기도 하다.

사춘기를 지나면 마음도 안정되고 인간관계도 순조로워진다. 인간관계의 폭도 넓어진다. 대학생이 되면 아르바이트와 유학으로, 그 후엔 사회에서의 경험 등으로, 나이가 들수록 더 폭넓게 사람들과 관계를 형성해 간다.

상처 입기를 겁내는 것은 자연스러운 일이지만, 실패를 아는 것도 중요하다. 한번 거리를 둔 인간관계는 원래대로 되돌리기 어려울지 모른다. 하지만 몇몇 작은 실패가 있기에 그 후의 인간관계로 이어지는 것이다.

이야기를 되돌리자. 얼굴을 기억하려면 감정을 동반한 인간관계가 중요하다. 함께 있어서 즐거웠다거나 불쾌한 일을 당했다거나 무엇이든 그때 느낀 감정과 같이 기억하는 것이 요령이다. 조금은 오지랖이 넓어질 필요가 있을지 모른다. 어쨌든 그 사람의 다양한 면모에 흥미가 없다면 사람 얼굴은 기억할 수가 없는 것이다.

이처럼 특수한 노력은 얼굴을 기억할 때의 뇌와 관련이 있지만, 그뿐 아니라 그저 기억해야 하는 얼굴 수와도 관계가 있다. 그 수는 화학기호나 단어와는 비교가 안 될 것이다. 그만큼의 수를 각인하려면 그 나름의 노력이 필요하다. 감정을 자극하여 뇌를 활성화할 필요가 있는 것이다.

그런데 '나는 얼굴을 기억하는 데 서투르다'고 주장하는 사람은 대개는 서툴지 않은 듯하다. 굳이 말하자면 사치스런 고민인 듯도 보인다. 얼굴을 알면 이름까지 기억하고 싶다든가, 상대방은 자기를 아는데 자기는 몰라 미안한 정도랄까? 그러나 원래 기억하고 있는 얼굴 수로 판단하건대 그 모든 얼굴을 이름까지 붙여 기억하려면 머리가 터져버릴 것이다. 거기까지는 아니라 해도 결과적으로 기억하는 얼굴 수는 적어지리라고 생각한다. 반드시 이름을 붙여 기억한다면 부하가 높아 필연적으로 기억하는 양도 줄어들 것이다.

실제로 얼굴만 기억한다면 매우 많은 수를 기억할 수 있다. 어떻게든 얼굴만 기억해서 인사하고 이야기하다가 서로를 생각해 낸다. 그것이야말로 얼굴을 이용해 사귀는 첫걸음인 것이다. 얼굴만 기억하는 상태를 없애는 것은 이렇게 사귀는 재미를 빼앗는 일도 될 것이다.

또 혹시 상대방은 기억하는데 자기는 기억하지 못한다면 감정을 쏟는 방식에 차이가 있었는지 모른다. 사람과 사회에 흥미가 없으면 얼굴을 기억하기 어려운 면이 있다. 그 사람과 자신 간의 사귀는 방식을 살펴보고 다양한 노력을 해 보는 좋은 기회가 될 것이다.

## 아기는 어떻게 얼굴을 기억할까

언어를 읽고 쓰는 것이 서툰 사람은 본인도 주위 사람도 금방 문제가 있음을 알아차리고 학교에서는 특별한 지도를 받게 된다. 그에 비해 얼굴을 보는 것이 서툰데 그것이 선천적이라면 주위 사람도 본인도 문제를 알아차리기 어려운 면이 있다.

아는 사람의 얼굴을 어떤 상황에서도 착오 없이 알아보는 것은 실제로는 대단한 일이다. 방범 카메라와 앱으로도 나와 있는 얼굴 자동 인증도 단순하지 않다. 사람의 여러 특성을 탑재해 비로소 완성된 것이다.

예를 들어 조명이 바뀌기만 해도 얼굴 생김새가 완전히 달라진다.

우리는 그런 변화를 느끼지 못한 채 얼굴을 인식할 수가 있다. 그러나 사실은 꽤 어려운 일이다. 앞서 설명한 안면 실인증 테스트에서는 얼굴에 그림자가 드리웠을 때 누구인지 파악할 수 있는가를 조사한다. 상상하기 어려울지 모르지만, 그림자가 얼굴 모양처럼 보이는 경우가 있는 것이다. 그러면 누구 얼굴인지 잘 알아볼 수 없게 된다.

그림자가 진 얼굴은 아기도 알기 어려운 듯하다. 얼굴을 보는 능력의 발달에는 얼굴을 정확히 보는 힌트가 숨겨져 있는 듯하다. 생후 4개월경까지의 아기는 안경이나 머리 모양이라는 두드러진 특징으로 얼굴을 판단한다. 방금 전까지 친하게 놀던 사람이 모자를 쓰면 누군지 못 알아보게 되는 상태다. 이미지를 바꾸어도 친구라고 알아보는 어른과는 달리 이 무렵 아기는 얼굴 자체의 특징으로 상대방을 똑똑히 기억하는 일이 없는 것이다.

하지만 흥미롭게도 얼굴을 움직여 보이면 아기라도 얼굴 자체의 특징으로 기억할 수가 있다. 게다가 얼굴을 기억하는 시간이 단축된다. 아기에게는 침묵의 무표정이 아니라 '없네 없네, 아 여깄네'를 하며 웃고 얼굴을 움직여 보이는 것이 중요한 것이다.

그런데 얼굴을 기억하는 데 중요한 얼굴 자체의 특징을 아기가 그다지 이용하지 않는 것은 시력이 나쁜 것과 관련이 있다고 여겨진다. 앞서 설명했듯이 신생아도 얼굴을 즐겨 보지만, 이 시기의 시력은 0.02정도밖에 안 되는 것이다. 사실 시력이 나쁜 만큼 눈으로 들어오는 정보가 적고 금방 학습할 수 있다. 재빨리 적은 정보로 학습하고 시력이 발달한 뒤에 차분히 관찰한다. 아기는 얼굴을 기억하려고 그런 전략을 취하고 있는 듯하다.

다른 한편 선천적으로 시력이 좋은 아기도 있다. 타고난 시력이 좋으면 얼굴은 더 잘 보이게 될까?

미국에서 자폐증인 사람의 여동생과 남동생의 유아기 시력을 검사했다. 자폐증이라는 명칭은 들어본 사람도 많을 것이다. 다른 사람과 의사소통이 곤란하고 사회성에 문제를 지닌 발달장애다. 원인이 밝혀지지 않아서 유전적으로 가까운 형제의 유소년기 연구가 이루어지고 있는 것이다.

이 연구에서는 색깔을 보는 시력과 대비감도가 계측되었다. 대비감도 검사란 시력에 관련된 뇌의 발달을 조사하는 방법이다. 보통 시력검사에서는 문자의 크기를 축소해서 읽을 수 있는 가장 작은 크기를 측정하지만, 대비감도 검사에서는 문자를 얼마만큼 줄이고 농담을 얼마만큼 옅게 해도 보이는가를 측정하는 것이다. 검사 결과, 색깔을 보는 시력은 여느 아이와 다르지 않은 반면에 대비감도는 좋다고 밝혀졌다.


## '얼굴을 보는 것이 서툰' 사람과 어떻게 사귈까

자폐증인 아이는 형태를 보는 것이 능숙하다. 수많은 사람이 그려진

그림 2-6 『월리를 찾아라!』는 수많은 사람으로 북적대는 거리에서 둥근 안경에 모자를 쓰고 빨강 하양 줄무늬 셔츠를 입은 월리를 찾는 그림책 시리즈다. 하나하나 이 잡듯이 샅샅이 찾지 않으면 보이지 않는 그림 찾기 놀이인데 자폐증 아이들은 재빠르게 찾아낼 수 있다.(사진 제공: 프레베르관)

풍경에서 빨강과 하양의 줄무늬 셔츠를 입은 월리라는 인물을 찾아내는 그림책『월리를 찾아라!』같은 그림 찾기도 누구보다도 빠르고 정확하게 해낼 수가 있다.<sup>그림 2-6</sup>

그런데 얼굴을 보는 것이 서툰 모순된 면도 있다. 얼굴을 보는 것에 관해 말하면, 아기 때 시력이 좋은 것이 아무런 이득도 되지 않는 것이다.

자폐증인 사람이 얼굴을 볼 때의 가장 큰 특징은 독특한 시점에 있는 것 같다. 그림 2-7을 보라. 얼굴을 볼 때 거꾸로 하면 이목구비를 파악하기 어려워지는 '대처 착시'가 있는데, 자폐증인 사람에게는 이런 착시가 덜 나타난다고 한다. 똑바로든 거꾸로든 이목구비를 잘 알

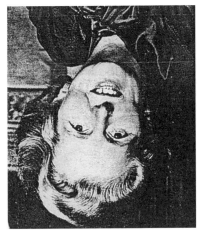

그림 2-7 **대처 착시** '철의 여인'이라 불린 영국의 마거릿 대처 전 수상의 얼굴이다.
거꾸로는 좌우 차이를 잘 모르지만, 책을 돌려 보라. 왼쪽만 '철의 여인'의 얼굴이 나타나는 것 같다.

아보는 것이다. 부분의 집합체로서 얼굴을 보고 있기 때문이지 않을까 생각된다.

상관없는 곳에 시선을 두는 것도 자폐증의 특징 중 하나인데, 말하는 사람의 눈을 보지 않고 입에만 주목하며 눈길을 주지 않는 등 보통과는 다른 시선의 움직임이 '시선 검출 장치'를 이용한 실험에서 밝혀졌다.

얼굴을 보는 것이 선천적으로 서툰 발달성 안면 실인증의 특징도 자폐증과 유사하다. 얼굴 사진을 보여 주고 기억할 때의 시선을 계측하면 얼굴 윤곽 주변 등 그다지 중요하지 않은 곳에만 시선이 향한다고 알려져 있다.

이와 대극을 이루는 것이 '초인식자'super-recognizer라고 불리는 사람들이다. 얼굴을 기억하는 테스트 성적이 대단히 높은 사람을 가리키는데, 그들은 얼굴의 중요한 점을 일순간에 보는 데 능한 듯하다. 코를 중심으로 시선을 두고 얼굴의 전체적인 특징을 순식간에 파악하는 듯한 방식을 취한다고 한다.

시선의 움직임만으로도 얼굴을 보는 방식의 차이는 충분히 알 수 있는 듯하다. 시선을 잘 둘 수만 있어도 얼굴을 보는 방식도 바뀔지 모른다. 이것에 관해서는 앞으로의 연구 성과를 기다리는 단계이지만, 실제로 얼굴을 기억하는 것이 선천적으로 서툰 사람은 어쩔 수 없이 생활의 불편을 겪어야만 하는 듯하다.

본인은 자기가 평범하다고 여기는데 주위에 위화감을 주는 일도 있을 것이다. 같은 반 아이와 길에서 마주쳐도 아랑곳하지 않고 지나치고 반 친구 얼굴을 도무지 기억하려고 하지 않는 아이 모습이 마음에 걸려 부모가 상담하러 오는 일도 있다. 때로는 인간관계를 잘 쌓아갈 수 없어서 히키코모리가 되거나 장기 등교 거부를 하는 일도 있을 것이다.

곤란을 겪는 사람들의 특징과 '무엇 때문에?'를 아는 것은 중요하다. 사교성이 없고 고자세로 무시하는 것이 아니라 얼굴이 보이지 않을 뿐임을 알면, 문제 해결의 실마리를 찾아낼 수도 있을 것이다. 유명한 인물로는 할리우드 스타 브래드 피트가 발달성 안면 실인증으로 오랫동안 괴로워했음을 고백한 바 있다.

눈에 띄는 명찰이 있으면 반 친구임을 알아차리고 상대가 누군가를 확인할 수 있다. 본인도 주위 사람도 각기 다름을 이해하고 어떻게 하면 좋을지를 같이 생각할 필요가 있다.

크장

# 눈은 입만큼 말한다

: 다른 사람의 시선이 신경 쓰이는가?

조르주 드 라 투르의 〈다이아몬드 에이스를 숨긴 사기꾼〉(1630~1634년)

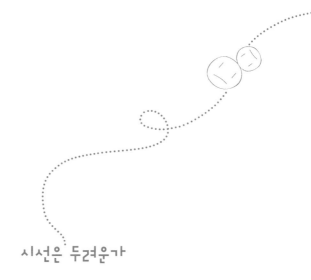

## 시선은 두려운가

자신에게 시선이 향하거나 손가락질을 하면 뜨끔하고 놀라지 않는가? 그것은 얼굴을 볼 때 활동하는 상측두구라는 뇌 영역의 활동 탓일지 모른다. <sup>그림 2-1 참조</sup> 표정과 시선을 볼 때 활동하는 영역이다.

해리 포터 영화에 초상화의 인물이 눈을 두리번두리번 움직이는 장면이 있었다. 어둑한 방의 오래된 초상화는 그것만으로도 왠지 오싹하다. 그런데 어디고 자기를 쫓아와 쳐다본다면 얼마나 기분이 나쁠까. 하지만 특수한 촬영 기술이 없어도 얇은 종이에 그려진 그림이나 포스터로도 그런 상황은 빚어질 수 있다.

종이에 그려진 평면의 인물이면 포스터든 그림이든 소재가 무엇이든 그 시선이 쫓아온다. 한 방에 있는 한 어디를 가도 자기 쪽을 보는 얼굴의 시선으로부터 도망칠 수 없는 것이다. 어른이 되면 의식하지 못하는 경우도 많지만 어린 시절에는 이런 그림과 사진이 무섭게 여

그림 3-1　**착시의 예**　위: 월러스턴(Wollaston) 착시. 좌우 얼굴에서 시선의 방향이 달라 보이지 않는가? 이것은 착시다. 주변을 감추고 눈만을 보라. 사실은 좌우 얼굴의 눈은 같고 얼굴을 더하면 시선 방향이 달라 보이는 것이다.
아래: 흰 격자의 교차점에 회색 점이 보이는 '헤르만 격자 착시'(좌)와 교차점이 점멸해 보이는 '반짝이는 격자 착시'(우)

겨진 적이 있지 않은가. (이 장 맨 앞 그림 〈다이아몬드 에이스를 숨긴 사기꾼〉에서도 시선을 줄곧 쫓는 사람이 한 사람 섞여 있지 않은가?)

　　이것은 2차원의 인물화에 특유한 '착시'이다. 착시란 실물과는 달리 보이는 것으로 사람의 보는 방식이 지닌 독특한 성질을 알 수 있게 하는 현상이다.<sup>그림 3-1</sup> 얼굴을 보는 데도 착시는 일어난다. 이 착시에서

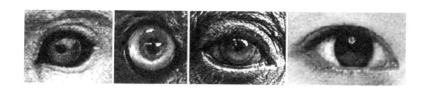

그림 3-2 **눈 모양**
왼쪽부터 일본원숭이, 흑백목도리여우원숭이, 오랑우탄, 인간. 포유류 중에서 사람의 눈알 형상은 특수하다.
타원형으로 검은자위가 작아서 시선이 어디를 향하는지 쉽게 알 수 있는 구조다.

알 수 있는 것은, 시선의 끝이 한 점에 확실히 가닿는 것은 3차원 입체인 얼굴과 눈알이 있기에 가능하다는 것이다. 약간 우묵한 얼굴과 눈알의 방향으로 한 점에 시선을 둔 듯 보이는데, 2차원의 그림에서는 그런 것이 없이 애매하게 넓은 범위에 시선이 가닿는 것처럼 보이는 것이다.

그러나 애매한 시선이 모두 자신에게 향한 듯이 보이는 착시가 일어나는 데는 우리들 마음가짐에도 이유가 있을지 모른다. 사람은 자신을 쫓는 시선에 민감한 것 같다.

'노려본다'든가 '째려봤다'든가 해서 시선은 싸움거리가 되기도 한다. 여기에는 동물과 공통된 점이 있는 듯하다. 예를 들면 야생 원숭이와는 무모하게 눈을 맞춰서는 안 된다고 한다. 야생 동물 세계에서도 시선이 마주친다는 것은 적대하고 있음을 의미하는 경우가 있기 때문이다.

이처럼 동물과 공통점도 있지만, 인간의 시선은 움직임이 더 유연하고 여기저기 향할 수가 있다. 그것은 인간의 눈 모양이 특수하기 때

71

문이다. 인간에 가까운 다른 포유류의 눈과 비교해 보자.<sup>그림 3-2</sup>

동물 눈은 대부분이 검은자위다. 흰자위가 큰 면적을 지니는 것은 사람 눈뿐이다. 게다가 동물 눈이 둥근형인데 비해 사람 눈은 아몬드 형이고 검은자위가 작다. 이 특수한 모양으로 인해 사람 눈은 좌우로 향하는 시선의 방향을 확실히 알 수 있는 것이다.

사람에 특징적인 흰자위와 눈 한가운데 있는 검은자위의 대비는 얼굴을 보는 데서 중요한 작용을 한다. 눈알과 시선의 불가사의에 관해 살펴보자.

## '눈의 강한 인상'은 매력을 지배한다?

검은자위의 크기는 얼굴 매력을 좌우하는 듯하다. 예를 들어 만화나 애니메이션의 등장인물은 누구나 할 것 없이 검은자위가 크다. 진짜 인간에서는 있을 수 없는 반짝반짝 빛나는 큰 검은자위를 보고 오싹 하기보다 매력을 느끼는 것은 묘한 일이다. 이것도 검은자위의 매력 때문일지 모른다.

그와 대조적인 것이 '불쾌한 골짜기'uncanny valley라는 현상이다. 컴퓨터 그래픽 기술을 쓰면 인간과 똑같은 인물을 만들 수 있는데도 그런 인물이 나오는 애니메이션은 없다. 인간과 똑같이 합성된 등장인물은 기분 나쁘다고 싫어하기 때문이다.

안드로이드 등도 그렇지만 인간과 닮게 만든 인공물은 그것이 잘 만들어진 만큼 기분 나쁘게 느껴진다. 피부가 매끈매끈 너무 좋거나 모공이 보이지 않거나 너무 다듬어진 부분에 '인간다움이 없다'는 위화감을 갖는다. 인간은 자신들의 생김새에 민감하기에 가짜가 너무 닮아 있으면 오히려 약간의 차이도 크게 받아들이며 까닭 모를 무서움을 느끼는 것이다.

하지만 할리우드에 컴퓨터 그래픽이 보급되고 나서, 합성된 인간의 모습에는 이전보다는 훨씬 익숙해진 듯하다. 2009년에 공개된 영화 《아바타》에서 합성된 타 행성인의 얼굴이 받아들여진 것이 하나의 계기였다고도 한다.<sup>그림 3-3</sup> 다만 이 경우에도 인간과 약간 거리를 두기 위해 인간과 매우 닮았지만 동물 같은 면이 혼재하는 타 행성인으로 설정한 것이 성공의 비결이었을지 모른다.

가짜 인간에는 오싹함을 느끼면서 얼굴 구조상 도저히 있을 수 없고 생물로서도 부자연스러울 만큼 눈이 큰 애니메이션 얼굴을 기분 나쁘게 여기지 않는 것은 이상한 일이기도 하다.

그만큼 눈에는 매력이 있는 것일까? 항간에는 검은자위를 커 보이게 하는 테크닉이 여럿 있다. 검은자위를 커 보이게 하는 콘택트렌즈도 있다. 검은자위를 크게 연출하는 화장과 성형도 있다고 한다.

검은자위를 꾸미는 것은 현대만의 유행이 아닌 듯하다. 검은자위 안에 있는 동공을 커 보이게 하는 것이 중세 이탈리아 여성 사이에서 유행했다고 한다. 산동제散瞳劑 안약을 써서 동공을 커지게 한 것이다.

그림 3-3　**영화 《아바타》** 이 작품을 계기로 컴퓨터 그래픽으로 합성된 사람의 모습이 받아들여지게 되었다. 동물 같은 면을 조금만 섞어 인간과 거리를 둔 것이 주효했는지 모른다. © 2013 Twentieth Century Fox Home Entertainment LLC. All Rights Reserved.

이때 사용된 알카로이드계의 약 '벨라돈나'라는 이름은 이탈리아어로는 '미녀'를 의미하므로 그 위력이 상당했으리라 추측된다.

　1965년경에는 심리학자 헤스Eckard Hess에 의한 실험이 이루어졌다. 사진 속 여성의 동공을 칠해 크게 하는 것만으로도 더 여성답고 귀엽고 부드러운 인상을 띤다고 남성들이 평가했던 것이다.그림 3-4 이 판단은 무의식적으로 이루어지는 듯, 누구도 동공의 크기를 알아채지는 못했다. 게다가 이 효과는 상대에 따라 달리 나타나는데, 이성애자 남성에만 유효하고 동성애자 남성에게는 효과가 없다는 것이다.

　또 다른 실험에서는 동공이 자기 기분에 강하게 반응한다고 알려

그림 3-4 　어느 쪽 얼굴이 매력적인가?
동공을 크게 하는 것만으로도(오른쪽 얼굴) 여성의 매력은 증가한다고 한다.
다만 이 효과는 이성애자 남성에게만 일어난다고 한다.

졌다. 남성은 남성지 핀업걸에, 여성은 아기 사진에 동공이 커졌다. 다른 한편으로 재미없다고 여겨지는 것에는 반응하지 않았다. 흥미 있고 감정과 동기가 고조되는 대상에 동공이 커진다는 사실이 발견된 것이다. 여기서 동공이 커지면 상대방에 관심이 크다는 것을 알아차 릴 수 있다고 생각된다.

　결국 '눈은 마음의 창'으로 그 사람의 마음이 드러나는 곳이라고 할 수 있을 것이다.

## 시선 공포는 왜 일어나는가

눈은 물리적으로 눈에 띄는 자극이다.

　논밭 등에는 새가 수확물을 물어 가지 못하도록 겁을 주는 눈알 풍

그림 3-5  눈의 힘은 자연계에도 통한다. 나비, 나방, 유충의 눈알 모양은 천적에게서 몸을 지키기 위한 것이다(좌). 눈알의 효과는 까마귀 퇴치에도 이용되고 있다(우).

선을 두곤 한다. 눈알 모양을 한 애벌레와 나방도 있다.[그림 3-5] 이것도 천적인 새를 쫓는 것이라고 한다. 그중 한 종류인 으름밤나방이라는 나방의 유충과 성충을 대학 구내에서 우연히 본 적이 있다. 그저 모양일 뿐이지만, 참으로 기묘해서 만지고 싶은 마음이 들지 않았다. 이것이야말로 눈의 힘이라는 위력일까?

사람 눈에서는 흰자위와 검은자위의 대조야말로 눈이 지닌 힘의 근원이라고 할 수 있을 듯하다.

흰자위와 검은자위를 반전하면 묘한 일이 일어난다. 그림 3-6을 보자. 흰자위와 검은자위의 색을 거꾸로 하면 누구 얼굴인지 알기 어려워지는 것이다. 왜 흰자위는 희고 검은자위는 검을 필요가 있는지

76

그 이유를 확실히는 모르지만, 흰자위와 검은자위는 얼굴을 볼 때 중요한 기능을 하는 듯하다.

설령 인종에 따라 눈의 색은 달라도 밝은 흰자위 가운데 있는 홍채(안구의 색을 띤 부분)는 어떤 경우든 흰색보다는 어두운 색이다. 밝은 흰자위 안에 약간 어두운 홍채가 있는 것, 거기에 사람다움이 표현되고 있을지 모른다.

그 증거로 사람과 다른 눈을 보면 기분이 나빠진다. 공포영화나 SF 영화 등에서 흰자위가 이상한 색으로 칠해져 있는 것은 우주인이나 뱀파이어 따위지 않나. 눈을 보

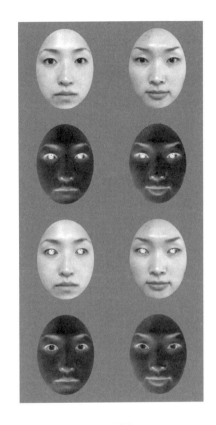

그림 3-6 **흑백 반전된 눈의 신비**
얼굴을 흑백 반전시키면 누군지 알기 어려워지는데(두 번째 단), 눈알만 원래대로 돌려도 누군지 알기 쉬워지고(네 번째 단), 반대로 눈알만 흑백 반전시키면 알기 어려워진다(세 번째 단).

는 것만으로 기분 나쁘다고 느낀다. 이것은 색만이 아니라 모양도 마찬가지다. 귀여운 양이나 염소의 눈을 유심히 보면 인간이나 개 고양이와는 달리 검은자위가 옆으로 긴 형태다. 그 때문에 새삼스레 양의

ㄱㄱ

그림 3-7 **염소의 눈**
염소나 양의 눈은 동공이 옆으로 긴 형태로 되어 있다.

눈을 보면 약간 충격을 받게 된다.<sup>그림 3-7</sup>

이 검은자위와 흰자위의 반전은 아기에게도 영향을 미친다. 흑백 반전시킨 눈을 한 얼굴을 아기는 학습할 수가 없는 것이다. 이 흑백 반전이 눈에만 해당하는지 알아보려고 새하얀 이를 흑백 반전시켜 검게 물들인 상태로 아기에게 보여 주었다. 그랬더니 이를 검게 물들인 얼굴은 학습한다는 것이 밝혀졌다. 아기가 흑백 반전시킨 눈에 어떤 것을 느끼는지는 알 수 없지만, 눈의 흑백은 얼굴을 기억하는 데 중요한 것이다.

그러면 왜 흰자위와 검은자위가 중요할까? 그것은 흰자위와 검은자위의 대비가 매우 두드러지기 때문이다. 두드러지는 눈에 주목해서 거기서 사람다움을 찾아내는 것일지 모른다.

참고로, 자폐증인 사람은 대비감도가 좋을 가능성이 높고 이 흑백의 눈의 대비도 더 강하게 느낄지 모른다. 그것이 특유한 행동을 이끌어 낼 가능성이 있는 것이다.

타인과 눈을 맞추는 것이 서툰 사람이나 시선 맞춤이 남다르고 특징적인 사람을 가끔씩 본다. 사람을 피하려 하는 아이나 눈을 돌리지 않고 뚫어지게 쳐다보아서 이쪽이 곤혹스러울 정도인 아이를 만난 적이 있는지?

이유는 여러 가지 있겠지만, 한 가지 힌트가 있다. 돈나 윌리엄스 Donna Williams가 자신의 자폐증과 괴로웠던 학대 체험을 기록한 『자폐증이었던 나에게』Nobody Nowhere에는 자폐증인 사람 특유의 감각 세계가 명료하게 그려져 있다. 사람의 눈이나 얼굴을 보는 것은 자신이 낚아채이는 듯한 기분이 든다는 것, 그에 비하면 말하는 편이 훨씬 편했다는 것이다. 말로 할 것 없이 시선으로 아무렇지 않게 마음을 주고받는 입장에서 보면 참으로 불편한 일로 생각된다.

애초에 눈의 자극이 지나치게 강한 탓일지 모른다. 대비를 너무 강하게 느끼면 새와 마찬가지로 눈을 피하고 싶어지는 경우도 있을 것이다. 상대방의 눈이 너무 자극적이어서 자기 눈이 타 버릴 것 같다고 표현하는 자폐증인 사람도 있는 듯하다. 다른 한편, 강한 대비의 눈에 시선이 붙박여 버리는 타입도 있을 것이다. 한번 눈을 맞추면 좀처럼 눈을 돌리지 않는 그런 타입이다. 눈을 피하는가, 상대방의 눈에서 눈을 뗄 수 없는가는 완전히 반대 타입이지만, 둘 다 눈이 매우 자극적이기에 생기는 일이라고 여겨진다.

# 시선에 민감한 사람, 둔감한 사람

군중 속에서 한 명만이 자기를 보고 있으면 금방 알아챌 수 있을까? 누군가에게 주시당한다는 것은 좋은 의미로든 나쁜 의미로든 마음에 걸리는 일이다. 대다수는 자기를 주시하는 시선을 재빨리 알아차리지 않을까. 그 민감함을 느낀 적은 없는가?

전철 같은 데서 마음이 끌리는 사람을 멀거니 쳐다보다가 상대방에게 눈치채인 경험은 없는지? 반대로 자기에게 향한 시선을 왠지 모르게 알아차린 적은 없는지? 그럴 때 어떤 사람인지, 끌리는 상대인지 의심스런 인물은 아닌지 확인하고 싶어지지 않는가?

수많은 얼굴 중에 하나만 자기 쪽을 향하는 시선이 있으면 그 시선을 알아차리는 반응 속도가 빠르다는 사실이 실험으로 밝혀졌다. 이것이 자기 쪽을 향한 시선에 특유한 것임을 나타내는 증거로서, 완전히 반대인 상태, 즉 자기 쪽을 향한 군중 속에 한 명만 딴 데로 시선을 돌린 경우에는 둔감하다는 사실을 들 수 있다.

인간 시선의 감지 능력은 실로 뛰어난 것이다. 그 정밀함은 상상하는 것보다 훨씬 높고, 시력으로 변별할 수 있는 것보다 훨씬 섬세하며, 시선 방향을 알아차릴 수 있다는 것이 실험으로 밝혀졌다. 주시당하고 있다고 여겨 그쪽으로 시선을 돌려 보면, 대개 그 판단이 틀리지 않지 않은가? 그것은 초능력이라고 불러도 될 만큼 특수한 능력인 것이다.

그런데도 다른 실험에서 이런 시선을 알아차리지 못하는 사람이 발견되었다. 바로 자폐증인 사람이다. 시선 방향에 대한 감도感度는 있지만, 자기 쪽을 향한 시선을 최우선으로 하는 규칙이 없다. 시선 방향이 어디를 향하든지 공평하게 판단하는 것이다. 반대로 말하면, 초능력이라 할 만큼 시선에 대해 특수하고 민감한 능력은 '누군가가 보고 있다'는 감정을 동반한 확실한 느낌에 뒷받침되는 것이라고 생각된다. 그리고 공평하게 시선을 보는 타입은 이런 느낌이 옅을지도 모른다.

이러한 타입의 특징은 주위 사람도 꼼꼼히 파악해 둘 필요가 있을 것이다. 예를 들면 자폐증인 사람은 앞에서 설명했듯이 얼굴을 볼 때 눈을 보지 않고 입에 주목했다. 입이 자주 움직이고 눈에 띄기 때문이라는 설도 있지만 눈을 피했을 가능성도 있다. 다른 연구에서는 말하고 있는 화자話者에 대한 주의도 희박함이 밝혀졌다.

친구들끼리 대화하는 영상을 보고 있을 때 시선의 움직임을 기록하면 보통은 말하는 사람에 주목하는데 자폐증인 사람은 이야기와는 전혀 상관없는 곳을 보고 있었다. 그러면 중요한 이야기의 상황과 문맥을 파악 못 할 우려가 있다.

예를 들면 말하는 사람이 상대방과 시선을 맞추는지 시선을 딴 데로 돌리는지만으로도 다양한 정보를 전달한다. 진지한 이야기인지 장난스런 이야기인지 혹은 거짓말하고 있을 가능성이 있는지 등을 알 수 있다. 거기에 더해 말하는 사람의 표정을 보면 비꼬는 이야기인지

(^^)　　(T_T)　　(>_<)　　(^^;)

( °Д°)　　(+_+)　　(^.^)/~~~

그림 3-8 **이모티콘의 예** 예를 들어 '괜찮다'는 메시지에 각각의 이모티콘을 넣어 보라.
이모티콘에 따라 전혀 다른 내용이 된다. 얼굴의 힘은 큰 것이다.

훈훈한 이야기인지를 알 수 있다. 대화는 이야기 내용뿐 아니라 그때의 시선과 표정으로 전혀 다른 내용이 되는 것이다. 물론 자폐증인 사람이 일부러 대충 적당한 방향을 주목하는 것은 아니다. 그들 특유의 보는 방식인 것이다.

평소 생활을 생각해 보자. 시선의 움직임을 살펴 자신과 관계 있는 사람을 재빨리 알아차리는 것, 말하는 사람에게 주목하는 것, 이 하나하나의 동작은 아무것도 아니지만, 이런 행동을 취하지 못한다면 대화의 중요한 핵심을 놓치고 못 듣게 될 것이다. 주위 사람과 이야기가 어긋나거나 제대로 이야기를 들어 주지 않는 사람이 여러분 주위에도 있지 않은가. 그것은 일부러 그렇게 하는 것도 아니고 주의가 산만한 것도 아니다.

이런 사람들과는 어떻게 의사소통을 하면 좋을까? 보는 방식이 특징적임을 생각해 보고 평소 무의식적으로 의사소통을 할 때 자신의 버릇이 무엇인지도 알아차려 보자. 친구끼리 시선이나 표정을 써서 무심히 마음을 서로 전하는 일은 어느 정도 있을까? 글로만 쓰는 메일에도 '이모티콘'을 많이 넣는 것은 얼굴의 힘을 빌리고 있는 것이다.<sup>그림 3-8</sup> 표정이나 시선으로 하는 의사소통의 핵심을 언어로 전달하는 노력을 해 본 적은 있는가?

이러한 노력은 본래는 특수한 것이 아닐 것이다. 선생님이나 부모님, 손윗사람 등 자신과 다른 타입 사람에게는 언어를 쓰지 않으면 정확하게는 마음이 전해지지 않는다. 외국에서 의사소통할 때에도 그런 노력이 필요하다.

의사소통 방식에는 문화 차가 있다. 어디에 시선을 맞추고 어떤 표정을 지을지, 그것은 문화에 따라 다르다. 우리의 의사소통에는 언어만이 아니라 시선이나 표정을 주고받는 것을 포함해 그 나라 특유의 면이 있다.

게다가 그 문화는 세대별로 한층 세련되게 바뀌는 면이 있는 듯하다. 연령이 비슷하고 거주지가 가까운 사람들이 모인, 학교라는 균질 집단에 있는 젊은이들 사이에서는 특히 이 경향이 강할 것이다. 그것은 젊은이들의 언어로 상징되는 것이 아닐까? '대박' '헐' 같은 현대의 유행어뿐만 아니라 젊은이들끼리만 통하는 말은 예전에도 있었다. 세대가 바뀌면 내숭녀, 썰렁, 하이카라, 방가방가 등과 같은 유행어는 마침내 사어死語가 되어 사라지고 마는 것이다.

이런 말을 써서 끼리끼리만 알게 의사소통하는 것은 편할지 모른다. 하지만 젊은이의 말이 속속 사라져 가듯이 젊은이도 언젠가는 거기서 떠나가게 되는 것이다. 다른 문화에도 통하는 의사소통 양식이 필요해지기 때문이다. 자신의 의사소통 방식을 의식하고 바꾸는 것이 언젠가는 필요해진다는 말이다.

## 시선을 알아차리는 능력의 발달

전철 안 같은 데서 어린 아기에게 물끄러미 응시당한 적은 없는지? 한번 눈이 마주치면 좀처럼 눈을 돌리지 않아서 기쁘기도 하고 부끄럽기도 한 경험 말이다. 대관절 아기는 무엇을 그리도 뚫어져라 쳐다보고, 어떤 얼굴을 좋아하는 것일까?

신생아가 얼굴에 주목하는 것은 앞에서도 말했는데, 이때 어떤 얼굴을 볼지 선택하는 중요한 기준이 되는 것이 눈이다. 눈 감은 얼굴보다도 눈 뜬 얼굴을 좋아해 주목하는 것이다. 그러다 생후 4개월이 되면 시선의 방향에 민감해진다. 똑같이 눈을 뜨고 있어도 시선이 마주치지 않는 얼굴보다도 시선이 마주치는 얼굴을 좋아한다. 즉 아기는 한번 눈이 마주치면 뚫어져라 계속 쳐다보는 것이다.

얼굴과 마찬가지로 시선에는 태어났을 때부터 민감하다. 그리고 얼굴을 알아보는 능력이 발달하는 것과 마찬가지로 눈을 알아보는 데서 시선의 방향을 파악하는 데로 눈에서 받아들이는 내용이 세련되어져 간다.

시선이나 얼굴을 맞춘다는 것은 아기에게는 중요한 일인 듯하다. 시선이 마주치지 않는 얼굴은 시선이 마주치는 얼굴에 비해 학습하기 어렵다는 사실이 알려져 있다. 뇌를 조사한 실험에서는 생후 5개월 젖먹이의 경우 옆얼굴을 보아도 얼굴을 보는 뇌가 반응하지 않는다는 사실이 밝혀졌다. 그래서 그때까지 아기를 대상으로 해 온 실험에서 사용된 얼굴을 살펴보았다. 그랬더니 거의 대부분이 정면을 향한 얼굴임을 알 수 있었다. 즉 눈과 눈을 마주치는 얼굴과 시선이 아기를 매료시키는 가장 큰 매력이라고 할 수 있는 것이다.

자기 쪽을 바라보고 시선이 마주치는 얼굴은 자신과 관계있는 얼굴이며 의미 있는 얼굴이고 의식해서 파악해야 하는 대상이 되는 것이다. 한편, 시선이 마주치지 않는 얼굴은 자기에게 무관심한 것으로 무시해도 될지 모른다.

아기를 만날 기회가 있으면 꼭 시험해 보았으면 하는 것이 있다. 아기를 응시하거나 눈을 돌릴 때 아기는 어떤 변화를 보일까? 우리가 시선에 무의식적으로 반응하듯이 아기도 같은 반응을 할 수 있는 것일까?

시선을 주고받는 것은 아기 때부터 적극적인 학습을 통해 발달해 가는 것이다. 엄마가 아기에 응대함으로써 부모 자식이 같이 발달해 간다. 어떤 의미에서 아기는 주위 어른들을 인도하고 부모로 성장시키는 힘을 지니고 있는 것이다.

기회를 봐서 아기와 꼭 대면했으면 한다. 아기 초보자 대상으로 '깜빡깜빡 아기 눈 맞추기 놀이'를 고안한 적이 있다. 이것은 표정 짓기가 부끄럽다거나 육아에 지쳐 표정 짓기가 귀찮아진 엄마라도 눈을 깜빡깜빡 떴다가 감았다가 한다든가 두리번두리번 옆을 봤다가 앞을 봤다가 하는 등 간단한 동작을 통해 아기를 잘 보도록 하는 것인데, 이를 통해 아기와 의사소통하는 법을 배울 수 있다. 의사소통과 자녀 양육 면에서 배움의 장이 되는 놀이의 하나가 될 것이다.

## 아기와 엄마의 발달

엄마와 아기는 모두 사이가 좋은 듯 보인다. 태어나서 쭉 같이 있으면 자연히 사이가 좋아지는 것일까?

출생 때부터 아기와 엄마의 행동을 면밀히 관찰한 연구에서 의외의 사실이 밝혀졌다. 아기와 엄마는 선천적으로 마음이 맞는 것은 아니라는 것이다.

아기가 엄마의 눈을 보는 시간과 엄마가 아기의 눈을 보는 시간을 태어난 직후부터 관찰하면 발달적인 변화가 보인다. 아기의 주시注視 시간뿐 아니라 엄마의 주시 시간도 점점 늘어나는 것이다. 아기의 발달은 앞서 설명한 대로인데, 신생아는 시선의 발달과 함께 뜬 눈에서 시선이 마주치는 눈으로 선호가 바뀌며, 시선을 보는 감도도 높아져 자연히 눈을 보는 시간이 길어진다.

그에 맞춰 엄마도 발달하는 것을 데이터에서 알 수 있었다. 눈을 쫓는 아기의 기술이 좋아지는 것이다. 엄마는 처음부터 엄마가 될 수 있는 것이 아니라 자녀 양육을 해 가는 가운데 엄마가 되어 간다.

엄마 쪽을 멀거니 보던 아기가 눈을 똑바로 보게 되는, 그런 변화가 자녀 양육을 하는 엄마에게 포상이 되고 의욕을 높인다. 그래서 점점 아기와 엄마의 호흡이 맞아 가는 것이다.

그런데 이 포상을 잘 받지 못하는 엄마도 있다. 자녀 양육에 지치고 자녀 양육 말고도 일이 너무 바쁘다는 등 이유는 다양한데, 본인의 자질이라기보다는 당시 상황 탓이 큰 것 같다.

특히 자녀 양육의 피로는 누구나가 직면하는 문제라고 할 수 있다. 산후 호르몬 균형의 변화로 우울증 상태가 되는 것은 흔히 있는 일이기 때문이다. 아이 아빠는 바쁘고, 아는 사람도 없는 곳에서 고립된 채 자녀 양육을 하는 환경은 엄마를 궁지로 몰아가기도 한다. 학대와 육아 방기라는 슬픈 사건도 있지만, 그 정도는 아니라 해도 이 시기에 아기의 시선을 잘 받아 주지 못하면 마음이 맞을 계기를 놓쳐 버리게 될 수도 있는 것이다. 도처에서 이런 식의 좌절과 실패를 경험하고 있을지 모른다. 물론 자녀 양육의 역할은 엄마에 한정되지 않고 누구라도 엄마를 대신해 주면 성장할 수 있다. 자녀 양육에는 주위 환경이 중요한 것이다.

## 시선은 의사소통의 원천

아기를 낳기만 하면 부모가 될 수 있는 것이 아님을 알았다. 아기와 상호 작용하면서 부모도 성장하는 것이다. 물론 부모의 성장은 아기 시절에 한정된 것이 아니다. 여러분의 부모도 여러분과 함께 지금도 성장을 계속하고 있을 것이다.

아기 이야기로 돌아가면 부모 자녀 간의 시선은 의사소통의 중요한 토대가 됨이 밝혀졌다. 이제까지 살펴본 아기의 시선 알아차리기는 단지 뜨고 있는 눈과 자기 쪽을 보는 눈에 주목하는 것뿐으로 우리가 시선을 알아차리는 것과 비교하면 아직 유치한 수준이다.

우리 어른이 보기에 시선에는 많은 의미가 담겨 있다. 주시당해 가슴이 덜컥하거나 어떤 의도를 느끼는 등 다양한 감정이 따른다. 시선에서 의도를 읽는 것은 언제쯤 가능할까? 그 시기는 부모 자녀 간에 시선을 주고받는 정교한 훈련이 관여하는 것 같다.

신생아 때는 의도를 알아차릴 방법이 없으나, 한 살이 되기 전인 생후 10개월경부터 이미 상대의 의도 같은 것을 알아차리는 듯하다. 말을 하게 되는 것이 한 살 반에서 두 살경임을 감안하면 대화를 하기 이전에 상대의 의도를 아는 것이다. 그것은 매우 이른 발달이라 할 수 있을 것이다.

생후 10개월인 아기가 안아 주는 엄마의 얼굴을 들여다보고 그 낯빛을 살피고 자신의 행동을 결정한다는 것은 실험으로 밝혀졌다. 유리판 아래로 절벽이 보이는 무서운 곳에 앉혀도 엄마가 웃고 있으면 그대로 절벽 위에 걸쳐진 유리판 위를 나아갔다. 하지만 엄마가 무서운 얼굴을 하고 있으면 앞으로 가지 않고 그 자리에 멈춰 있었다. 엄마의 표정에서 자신의 상황을 판단할 수 있었던 것이다.

그렇다면 아기의 주의가 엄마의 눈에서 벗어나 외부 세계로 옮아가는 것은 어느 무렵일까? 생후 6개월이 되면 주의는 시선 끝으로 가는 것 같다. 상대가 보고 있는 대상을 신경 쓰기 시작하는 것이다. 아기가 흥미를 갖는 대상은 새처럼 눈 그 자체가 아니라 눈에서 분리되는 것이다. 그것은 동물에서 인간으로의 진화를 보여 주는 것과 같은 극적인 변화라고도 할 수 있을 것이다.

눈에서 다음 세계로는 조금씩 나아간다. 우선은 '공통 이해'의 장으로 나아간다. 생후 9개월쯤 되면 부모와 자녀가 같은 물건을 함께 쳐다보게 된다. 엄마의 시선 끝에 주목해서 거기에 새 장난감이나 과자가 있음을 알고 그 대상을 같이 확인할 수 있는 것이다. 하나의 세계를 상호간의 시선에 의해 공유하는 것은 인간만의 특징인 공통의 인식 세계를 낳는다. 이것도 더 한층 진화할 것을 예감하게 하는 행동이다.

마침내 '시선의 끝'에서 '손가락 끝'으로 인식 세계의 공유가 이행한다. 손가락질을 통해 물체 하나하나를 서로 확인하고 '이 사람이 엄마' '이것이 맘마' 하고 말을 가르칠 수 있는 것이다. 인류만이 지닌 '언어'의 획득으로 이어지는 것이다. 말이 통하지 않던 아기 시절의 끝이 가까워 오는 징후다.

눈은 자기 기관을 통해 외부 세계로 자기를 넓히는 창과 같은 것일지 모른다. 아기는 엄마와 시선을 공유함으로써 자기만의 닫힌 세계에서 벗어나 타자와 공유한 세계로 발달해 가는 듯하다. 언어를 포함한 의사소통 능력의 획득에는 좌우간 무엇보다 먼저 시선이나 눈이 중요한 역할을 해내고 있다는 것이다. 그렇다면 여러분 자신의 시선이 타자에게 열려 있는지를 아는 것이 중요한 일일지 모른다.

## 일본인은 시선을 맞추지 않는다

여러분은 다른 사람과 이야기할 때 시선을 맞추는가? 시선을 피한 채 아래를 보고 나지막이 자기 페이스로 이야기하는가?

시선 두는 방법은 매너 책 등에도 자주 나오는 화제의 하나다. 상대의 눈을 뚫어져라 보는 것은 실례라고 하는 한편, 면접을 치를 때에는 상대의 눈을 보고 이야기를 잘 듣고, 이야기할 때에는 코언저리에 눈을 두라는 등 상세히 쓰여 있다.

시선을 보는 발달이라는 면에서 보면 이러한 행동은 이상한 것이다. 아기 때에는 자연히 주목하는 대상이 눈이었는데, 어른이 되니 '눈을 보고 이야기하라'고 매뉴얼에 굳이 써 둔 것을 보게 되는 것은 어찌 된 일일까?

어른이 되면서 얼굴이나 시선을 볼 때 복잡한 감정이 따르게 된다. 얼굴을 보거나 얼굴을 보여 주는 행위는 감정과 떼어 놓을 수 없는데, 그 감정이 복잡해지는 것이다. 갓 태어난 아기는 울거나 화내는 등 단순한 감정을 분출할 뿐이지만 머지않아 감정을 감추거나 일부러 드러내어 상대와의 관계를 조정하는 데 쓰게 된다. 수줍어하거나 부끄러워하거나 일부러 울어 보이는 등, 상대와의 관계를 전제로 한 감정이 생긴다. 한층 사태를 복잡하게 하는 것이 뇌에서 감정에 관련된 편도체가 발달하는 것이다. 대인 공포가 생기는 것도 중요하다. 그리고 그뿐만 아니라 성장하면서 그 문화에 고유한 관습을 획득하는 것도 시선과 큰 관계가 있다.

예를 들어 서양인과 비교해 일본인은 시선을 맞추는 일이 적다고 한다. 똑같은 동양인 중에서도 일본인의 시선 처리법은 특별하다고 간주되는 듯하다. "일본인은 얼굴이 아니라 넥타이를 보고 있지." 하며 농담 섞인 말을 하는 중국인 연구자도 있다.

눈 카메라로 눈 움직임을 정확히 측정한 실험에서도 일본인의 시선이 지닌 특이성은 분명히 밝혀져 있다. 얼굴 사진을 하나하나 보여 주고 어떻게 관찰하는가를 눈 카메라로 조사한 것이다. 그 결과 일본인은 얼굴을 기억할 때는 그다지 눈을 보지 않는 것이 알려졌다. 얼굴을 기억하려고 상대를 볼 때 일본인은 상대의 눈에서 시선을 돌려 조금 밑의 입 주변에 주목했다. 그에 비해 서양인은 얼굴을 보는 규칙에 따라 얼굴을 전체적으로 보려 했다. 시선을 맞추지 않는 것은 일본인의 예의로 그것이 몸에 단단히 배어 있기 때문일 것이다. 그러나 이렇게 보는 방식은 얼굴을 기억하는 것이 서툰 사람들의 보는 방식과도 유사하다. 그렇다는 것은 일본인이 일반적으로 얼굴을 기억하는 데 서투르다고 할 수 있을 것인가?

그 답을 보여 주는 다른 연구가 있다. 얼굴을 기억하는 결과와 모순되는 것 같지만, 상대가 웃는지 화내는지 표정을 판단할 때 일본인은 눈 주위를 보는 경향이 강하다고 한다. 이때도 서양인은 얼굴을 전체적으로 보는 경향이 있다고 한다. 즉 일본인은 얼굴을 기억할 때는 눈을 보지 않고 표정을 구별할 때에는 눈을 본다는 모순된 경향이 있는 것이다.

## 심리학을 이용할 때의 주의점

이 결과를 해석하기 위해 다소 오래된 연구로 거슬러 올라가겠다. 여기서 이야기가 약간 옆길로 새지만, 심리학의 고전적인 연구를 대할 때 주의할 점에 관해 약간 언급해 두자. 과학적인 심리학 중에서 오래된 연구로 거슬러 올라가는 데는 젊은 여러분에게는 주의가 필요하기 때문이다.

심리학은 일본에서는 문과계의 학과에 속하나 원래 과학적인 연구임을 잊지 않는 것이 중요하다. 과학은 치열하게 경쟁하며 최신의 성과를 제안하고 항상 상식이 갱신되는 분야이기도 하다. 물론 심리학도 마찬가지지만 심리학 중에서는 임상 심리학과 범죄 심리학 등과 같이 심리학을 기술로 이용하는 분야도 있고 또 그 주변에는 교육학 등 인접한 연구 영역도 있기 때문에 이 상식을 잊어버리는 경우가 많은 듯하다.

과학적인 심리학에서는 새로운 데이터에 의해 오래된 상식이 속속 갱신되어 간다. 그런데도 정보가 갱신되지 않고 과거 유물을 지금도 계속 믿고 있는 기묘한 상황도 눈에 띈다. 날조에 지나지 않았던, 늑대가 키웠다고 하는 늑대 소녀의 전설적인 일화나 아기는 눈도 보이지 않고 귀도 들리지 않는 백지인 채로 태어난다는 일화가 극히 최근까지 교과서에 계속 남아 있었다는 것은 경악할 만한 일이다.

그만큼 극단적인 이야기는 아니라 하더라도 기술 혁신과 함께 폐기되었어야 할 연구가 지금도 연구로서 거론되려 하는 면도 있다.

잔혹한 사례로서는 정신의학에서의 로보토미 수술(전두엽 절제술)을 들 수 있다. 뇌의 전두엽을 절제해서 정신 질환을 치료한다는 로보토미 수술은 의학의 진보에 의해 지금은 향정신약으로 대체되었지만, 당시는 얼음송곳으로 안와 쪽에서 수술하는 간단한 기법도 고안되어 결과적으로 많은 수술이 이루어졌다. 이는 낡은 기법을 폐기할 수 있는 용기가 필요함을 알려 주는 사례라 할 것이다. 과거의 지식을 전하는 연구는 역사적인 지식으로서는 중요하다고 해도 앞으로 연구해야 할 것은 아니라는 사실이다.

심리학을 응용하는 입장이라 해도 최신 성과를 알지 못해서는 문제가 될 수 있다. 도움이 되지 않는다기보다 오히려 해롭기까지 하다.

예를 들어 단어의 분절을 명확히 함으로써 언어를 획득하는 데 멍멍이나 맘마 같은 '유아어'가 필수라는 것이 최신 연구에서 분명해졌는데도, "유아어를 써서는 안 돼."라고 큰 소리로 외치는 사람들도 있다. 아이를 혼란스럽게 하기 때문이라는 주장인데, 물론 어떤 근거도 없다. 즉 과학적 데이터에 바탕을 둔 최신 지식이 있는데도 불구하고 자기 경험을 바탕으로 잘못된 실천을 강요하는 것이다.

이같이 큰 문제는 아니라 해도 소소한 문제도 많이 있다. 예를 들면 난독증(언어를 읽고 쓰는 것이 서툰 장애)은 영어를 사용하는 나라에서 많이 나타나므로 유소년기의 영어 학습 시에 충분히 배려해야 한다는 것. 유아기에는 모국어를 확실하게 획득하는 것이 필요하고 외국어의 무모한 학습에는 주의할 필요가 있다는 것. 이처럼 다양한 지식은 갱신되고 있으므로, 심리학에 인접한 일을 하는 사람은 항상 최신 성과를 받아들이려는 태도를 지녀야 한다.

물론 과거의 지식 중에도 기술적인 격차를 고려한 다음 '지식'으로 쓸모 있는 것도 많이 있다. 이제 와서 타자기로 리포트를 쓰듯 그 시대와 똑같이 연구하는 사람은 없을 테지만, 지식으로 아는 것과 최신 성과가 있다는 것을 분리해서 파악하는 것은 중요하다.

# 일본인의 민감함

이야기를 되돌리자. 2010년대에 발견된 일본인의 시선의 법칙을 바탕으로 고전적인 연구를 살펴보면 일본인의 문화적 배경이 보인다.

1970년경에 유행한 미국의 발달심리학자 에인스워스Mary Ainsworth 의 애착 이론에 의한 연구다. 실험에서는 방 한 칸과 협력자를 써서 아이를 특정 상황에 두고 행동을 조사한다.

우선 아이를 엄마와 함께 낯선 방에 들어가 놀게 한다. 얼마 안 있어 낯선 여성이 들어오고 그 후 엄마가 자리를 비우는 상황을 만든다. 그럴 때 나가는 엄마에게 어떻게 행동하는가를 관찰하는 것이다.

대상은 생후 12~18개월의 아기다. 엄마의 부재에 완전히 무관심한 것도 문제가 되지만, 미국 기준으로는 엄마가 없어져도 마구 야단 부리지 않는 것이 좋다고 여겨진다. 하지만 이 실험을 일본에서 하면 거의 대부분의 아기가 엄마의 부재에 불안을 뚜렷이 드러내고 쫓아가 거나 우는 것이 밝혀졌다.

서양 기준으로는 일본의 부모 자녀는 대부분 문제가 있다고 간주된다. 일본인의 자녀 양육이 이상하다는 것은 서양 기준의 왜곡된 이야기일 것이다. 이런 점에서 일본을 포함한 동아시아는 서양과는 전혀 다른 기준의 문화를 지니고 있음이 분명해졌다.

최신 기술을 이용한 실험에서는 문화적인 차이가 더 어릴 때부터 나타난다는 것이 밝혀졌다. 얼굴을 보여 주었을 때 어디를 보는지 시선의 움직임을 추적한 실험에서 7개월경부터 문화에 따른 차이가 있음이 알려졌다. 즉 일본인은 아기 때부터 표정을 볼 때 눈을 주목하는 경향이 있다는 것이다.

왜 이런 문화적 차이가 어린 시절부터 존재하는 것일까? 일본과 서양 간에 표정을 볼 때 주목하는 부분이 차이 나는 것은 표정을 짓는 방법이 다른 데 원인이 있는 듯하다.

할리우드 영화와 미국 텔레비전 프로그램을 보면 서양 사람들의 표정은 과장되게 느껴진다. 서양에 가면 거리에서 사람들과 스치기만 해도 평소보다 입 주위 근육에 힘주어 웃어 보여야 할 것 같은 기분이 든다. 서양과 비교하면 일본인의 표정은 큰 움직임이 적은 것이 특징이다. 입을 크게 벌리고 웃기보다도 생긋 웃는 눈으로 감정을 서로 전하는 경향이 있는 것이다.

그래서인지 일본인이 표정을 볼 때 시선의 끝은 눈에 집중된다. 그것은 마치 눈으로 표현된 작은 변화를 열심히 찾아내려는 듯이 여겨진다.

시선의 끝에서 일본인은 섬세한 감정의 전달을 알아차리고 있음이 증명되었다고도 할 수 있을 것이다. 그리고 놀랍게도 생후 7개월인 어린 아기도 습득하고 있다는 것이다. 참으로 불가사의한 일이지만, 어릴 때부터 문화 세례를 받고 그것이 문화를 형성해 간다고 할 수 있는 것이다.

시선의 움직임에서 표정을 주고받는 일본인 특유의 섬세함을 알 수 있었다. 일본인은 매우 미묘한 변화로 표정을 서로 전하고 있고, 그것을 매우 어린 시절부터 몸에 익히고 있는 것이다. 한편 그것이 대단히 세련되어 있어서 매우 알기 어렵다는 점은 자각해야 한다. 다른 문화에서 찾아볼 수 없을 정도로 세련되고 세밀화된 감정의 교환이 '분위기를 읽어라'라든가 '분위기를 못 읽는다'라는 식으로 그렇지 못한 것을 질책하는 방향으로 연결되는 듯하다. 하지만 그것은 이른바 특수한 능력이며 본래는 '분위기를 읽지 못하는 것이 당연'하다는 식으로 생각할 필요가 있다.

4장

'멋진' 증명사진

: 얼굴은 인물을 표현하는가?

하시구치 고요의 《화장하는 여인》(1918년)

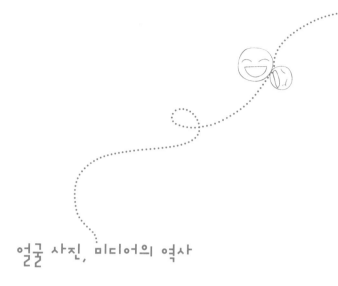

## 얼굴 사진, 미디어의 역사

일본에 사진 기술이 전래된 것은 에도 시대° 끝 무렵부터 메이지 시대°°에 걸쳐서였다. 사진에 찍힌 사람들은 처음에 자신의 모습을 보고 어떻게 느꼈을까? 자기 얼굴에 깜짝 놀라거나 공포를 느끼거나 이런 얼굴이 아닌데 하며 화를 내거나 했을까? 그 이전의 에도 시대에 당시 아이돌이었던 가부키 배우들의 모습은 브로마이드 대신 우키요에로 널리 퍼져 있었다. 사진과 우키요에, 그 차이는 얼마나 큰 것인가.

 남과 자신의 얼굴을 사진이라는 소재로 확실히 볼 수 있게 된 것은 사진이 대중화되고 나서의 일. 그로부터 2세기 정도밖에 지나지 않았

---

° 1603년 도쿠가와 이에야스가 에도에 막부를 연 때부터 1867년 도쿠가와 요시노부가 정권을 천황에게 돌려준 때까지의 시기. 쇼군(將軍)이 권력을 장악하고 전국을 통일·지배했으며, 봉건 사회 체제가 이때 확립되었다.
°° 메이지 유신 이후 메이지 천황이 통치한 시기. 1868년 1월 3일 왕정복고에 의해 메이지 정부가 수립된 후 1912년 7월 30일 메이지 천황이 죽을 때까지 44년간이다.

다. 오랜 인류의 역사로 보면 매우 짧은 기간이라고 할 수 있을 것이다.

사진 발명도 그렇지만 그 후의 미디어 진화도 얼굴을 보는 면에서 매우 큰 역사적 혁명인 듯하다. 신문에는 정치가, 유명인, 범죄자의 얼굴 사진이 실리게 되었다. 사극에 나오듯이 악인의 얼굴을 그려 붙이던 것이 실제 사진으로 바뀌어 널리 유포되게 된 것이다.

더 극적인 변화는 얼굴의 움직임이 보이는 영화의 발명일 것이다. 영화의 보급으로 수많은 세계적 스타가 태어났고 숱한 스타가 울고 웃는 얼굴을 보게 되었다.

나아가 텔레비전의 보급으로 영상은 더 친근해졌고 다양한 얼굴을 한 사람들이 하는 행동을 집 안에서 볼 수 있게 되었다. 멀리 떨어진 존재였던 유명인이 울고 웃는 연기를 거실에서 보게 되고 그 사생활까지 가십으로 접하면서 그들이 가까운 지인보다 오히려 더 가까운 존재가 되어 간 것이다.

인터넷상에서 사람들의 교류가 활발해지면서부터는 수많은 일반인의 얼굴도 접하게 되어 안면이 있거나 좀 아는 사람의 수가 엄청나게 늘어났다. 그것은 혁명적인 변화라고 할 수 있을 것이다.

이력서나 홈페이지 등 얼굴이 자신을 드러내는 표지가 된 것은 현대에서는 보통 일이지만, 에도 시대 사람에게는 상당히 기묘하게 비칠지 모른다.

# 얼굴은 인물을 표현하는가

학생증 사진, 이력서 사진, 맞선 사진, 여권 사진, 운전 면허증 사진. 모든 상황에서 인물을 증명하는 것은 얼굴 사진이다. 당연하게 생각되지만 왜 얼굴인 것일까? 미래 SF 영화처럼 눈의 동공이나 지문으로 동일인임을 확인하는 것이 기술적으로는 가능한 일인데 말이다.

그것은 아마 사람에게는 얼굴로 인물을 판단하고 싶어 하는 면이 있기 때문일 것이다.

평소 생활을 되돌아보자. 소중한 사람의 사진을 지니고 다니는 것은 흔한 일이지만, 얼굴 말고 다른 신체 부위라면 좀 이상한 생각이 들지 않을까. 예를 들어 머리카락이나 손톱을 지니고 다닌다고 하면, 위화감이 없을까?

그렇게 생각하면 신체 중에서 얼굴만이 특별함을 알 수 있다. 얼굴은 그 사람을 나타내는 표지이기도 하고 남이 그 사본을 좀 빌려도 되는 것인 듯하다. 얼굴은 그 사람의 것이지만 또한 그 사람과 관계를 맺은 이의 것이라고 해도 좋을 듯하다. 그렇기에 텔레비전이나 잡지에 나오는 아이돌들은 자신의 얼굴을 모르는 남에게 당당하게 제공한다고 할 수 있다.

자기 자신을 나타내는 것으로는 이름이 있는데, 얼굴은 이름을 그린 명함 같은 것이라 할 수 있을까? 이름만 봐서는 무미건조하고 이미지가 잘 잡히지 않는데 얼굴이 있으면 그 사람의 분위기, 인상, 성

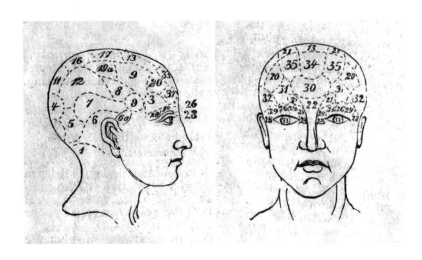

격까지 단박에 파악한 기분이 든다.

누구나 그런 기분이 들기 때문에 인상 판단이 성립한다고 할 것이다. 인상 판단의 시초는 오래전 고대 그리스의 아리스토텔레스(기원전 384~기원전 322년)나 한나라 시대(기원전 206~220년)까지 거슬러 올라가는 듯하다. 아리스토텔레스의 저서에는 소는 온화하고 느긋하며, 멧돼지는 격정적이고, 뱀은 비굴하고 음험하다는 등, 동물의 형상과 사람의 성격을 관련지어 기술한 대목이 있는데, 그것이 유럽의 인상 판단인 '관상학'의 기초를 이루었다고 여겨진다.

14세기에 시작된 르네상스 시대에는 동물의 외양과 성격을 연결

지은 관상학 저서가 많이 보이고, 19세기가 되면 유럽에서 '골상학'이 크게 유행한다.<sup>그림 4-1</sup> 골상학은 빈의 의사 갈Franz Joseph Gall에 의해 발명되었는데, 지금 식으로 하면 두개골로 '프로파일링'하는 것과 같다. 머리를 쓰는 사람은 이마가 넓어진다는 것과 같이 뼈의 형태로 그 사람의 성격을 유추하는 것이 사교계 파티에서 크게 유행한 듯하다.

물론 현대 과학으로 보면 당치 않은 일이지만, 이것이 같은 시기에 범죄학자의 원조라 여겨지는 이탈리아의 롬브로소Cesare Lombroso에게도 계승된다. 롬브로소는 병사나 범죄자의 용모를 비교해서 '육체적인 결함이 있으면 범죄를 일으키기 쉽다'고 주장했다. 그리고 '범죄를 거듭 저지르는 사람은 용모와 지성이 유인원에 가깝고 격세유전의 징후가 있다'고 주장한 것이다.

얼굴로 인물과 성격을 유추하는 것은 즐겁기는 하나, 이렇게까지 되면 위험한 사상이 되고 납득할 수도 없다. 이들 골상학은 당시 유행한 우수한 종을 남기려는 '우생학'과 비슷하게 여겨졌는데, 선천적인 요인으로 인간과 인종을 차별하는 위험 사상으로 간주되어 지금은 받아들여지지 않는다.

하지만 좀 더 온건한 인상학은 지금도 받아들여지고 있는 듯하다. 그중에 프랑스의 코르망Louis Corman의 외모 심리학이 있다. 소아과 의사로서 수많은 환자와 만난 경험에서 인간성이나 성격과 그 얼굴 생김새 간에 관련이 있다고 본 것이다.

포동포동 동그란 아기 얼굴 같은 인상은 열린 마음에 사교적이지만 자칫하면 주위에 휩쓸리기 쉬운 성격을 나타내고, 반대로 여윈 얼굴은 주위에 휩쓸리지 않는 내향적인 성격을 나타낸다고 한다. 이처럼 살쪘는지 말랐는지로 단순히 성격을 결정지을 뿐만 아니라 더 나아가 그것을 눈, 코, 입이라는 부분에 맞춰 더 상세한 성격으로 분류한다. 예를 들어 코가 크면 감정적인 사람, 턱 부분이 발달했으면 본능적인 사람, 눈, 코, 입은 각기 지성, 감정, 본능에 대응한다고 한다.

어떤가? 물론 과학적인 근거는 없지만, 맞다고도 완전히 터무니없다고도 할 수 없는 이야기이지 않을까?

## 사진에 어떻게 찍힐까

인상 판단처럼 얼굴로 성격을 알아내는 것은 비현실적이라 해도 얼굴로 인상이 형성되는 것은 극히 흔한 일이지 않을까? 단체 사진을 찍을 때 자기 얼굴이 잘 나올지 신경이 쓰인다. 기념으로 남는 졸업 사진의 표정이 마음에 안 들면 꽤나 아쉽다.

누구라도 조금은 잘 보이고 싶어 하는 면이 있다. 아주 조금이라도 젊게 보였으면, 혹은 젊은이라면 나이대로 보였으면, 귀엽게 보였으면, 착실하게 보였으면 하는 등 바람은 사람마다 제각기일 것이다.

사진발의 차이는 생각보다도 극적인 인상의 차이를 낳는다. 같은 사람이라도 어떻게 찍혔느냐에 따라 매력이 달라진다는 사실이 연구

그림 4-2　**어느 쪽 여성이 더 매력적일까?**
위 사진에서는 왼쪽, 아래 사진에서는 오른쪽 여성
에게 매력을 느낀다는 것이 대부분의 의견인데, 내
막을 밝히면 위아래 모두 같은 여성 두 명의 다른 사
진을 나란히 늘어놓은 것일 뿐이다. 사진을 찍는 법
에 따라 매력은 역전되는 것이다.

로 밝혀져 있다. 그림 4-2의 사진을 보라. 영국의 얼굴 연구자 버튼A.
M. Burton 교수 연구실의 실험이다. 같은 여성의 사진을 위아래 짝 지어
놓았는데, 사진발에 따라 매력이 역전되는 것이다.

처음 대면하는 사람에 대한 인상을 형성하는 데는 역시 사진에 어
떻게 찍히는지가 중요하다. 사진에 잘 찍히는 법을 찾는 노력도 사람
마다 다르다. 잘 나오는 요령에 따라 얼굴을 만들어 사진에 담는 사람
도 있다. 어떤 단체 사진을 보아도 항상 같은 얼굴로 찍힌 사람이 있
지 않은가?

살짝 남들 뒤로 물러나거나 얼굴만 뒤로 뺀다거나 해서 얼굴이 작
게 보이도록 애쓰는 사람도 있다. 타이밍을 따져 한껏 눈을 크게 뜬다

거나 턱을 집어넣는 사람도 있을 것이다. 자기 얼굴의 어느 쪽이 더 나은지 어떤 자세를 취하면 좋게 보이는지 신경을 써서 항상 똑같이 사진에 찍히는 사람도 있다. 사진에 잘 찍히는 테크닉도 다양한 것 같다.

자기 명함이 될 수도 있는 증명사진 촬영이라면 꽤 긴장하는 법이다. 면허증이나 여권의 얼굴 사진이라면 한번 찍은 것이 몇 년이나 사용되기에 마음에 안 드는 얼굴로 증명서를 만드는 것은 내키지 않는 일이다.

인생을 좌우하는 취업용 증명사진을 길가 즉석 사진기로 찍는 사람은 거의 없을 것이다. 길흉의 미신도 중요해서 취업용 사진을 찍는 사진관 중에는 '합격률 90퍼센트'라고 선전하는 유명한 점포도 있다고 한다. 이런 사진관에서는 인상이 좋아 보이는 조명 사용법에 신경을 쓰고, 촬영 때 자세 취하는 법과 화장법, 표정 짓는 법까지 전문가가 조언을 해 준다. 각 직종에 맞춘 지도도 하고 점포에 따라 잘 맞는 직업군이 있다고 한다. 전통 있고 약간 보수적인 직종 전문부터 항공사나 미디어 전문 사진관까지 있다고 한다.

프로 사진가의 기술은 다방면에 걸쳐 있다. 인물 사진이 전문인 프로 사진가의 이야기를 들은 적이 있는데, 좋은 사진을 찍는 요령은 '피사체와 의사소통을 잘하는' 것이라고 한다. 긴장을 풀어 주고 그 사람이 지닌 진짜 매력을 찾아내 가장 매력적인 얼굴을 만들어 내도록 끌어가는 것이 중요한 듯하다.

프로라면 단지 촬영 기술이 우수할 뿐 아니라 좋은 표정을 잘 끌어

내어 그 사람이 한층 좋게 표현되도록 할 수도 있다. 결과적으로 그것은 그 사람의 매력이나 좋은 인상을 끌어내는 것으로 이어진다.

찍는 쪽 이야기를 들으면 찍히는 쪽의 요령도 알게 되지 않을까. 딱딱하게 굳어 긴장해 있고 무표정한 얼굴은 NG와 같다. 원래 무표정은 그 사람의 얼굴이 아니기 때문이다(이것에 관해서는 다음 장에서 상세히 설명하겠다). 예를 들어 묵묵히 앉아서 초상화를 그려 달라고 하면 초상화 화가는 난처해질 것이다. 초상화도 모델과 의사소통을 하면서 그리는 것이 기본인 듯하다. '이것이 나다' 하는 얼굴을 보여 주지 않으면 초상화도 되지 않는 것이다. 사진도 마찬가지다. 긴장을 풀고 자신을 표현하는 것이 무엇보다 중요하다.

긴장을 푸는 것과도 연관되는데, 사진에 찍힌 얼굴의 매력은 촬영자에 따라 바뀐다는 연구가 있다. 여성의 얼굴은 여성 사진가보다도 남성 사진가가 찍는 편이 더 매력적으로 평가된다고 한다. 사진에 잘 나오는 것은 그리 간단하지 않은 것이다.


## 지명 수배 사진으로 범인이 잡힐까

이것도 좀 전에 소개한 영국의 버튼 교수 등의 연구다. 그림 4-3의 사진을 보라. 영국인을 대상으로 한 실험으로 실제로는 현재 가장 잘나가는 유명인의 얼굴을 늘어놓았다. 컴퓨터를 이용하면 여러분도 간단

**그림 4-3　사진의 남성은 실제로는 몇 명일까?**
같은 사람의 다른 사진이 섞여 있어서 그것을 한데 모으면 사람 수가 적어질 것이다.
처음 대면하는 외국인이어서 이 문제는 상당히 어려울 것이다. 답은 본문에서 찾아보라.

히 따라 할 수 있는 실험이다.

여러 사람을 늘어놓은 듯 보이는 이 사진은 도대체 몇 사람의 사진
일까?

답은 단지 2명. 그러나 실험에서 나온 평균적인 대답은 5명에서
7명이었다. 참고로, 사진의 인물을 알 경우에는 정확히 2명으로 나눌
수 있다. 첫 대면이면 사진의 인물을 판단하는 것이 어렵다는 증거의
하나다.

여러분도 따라 할 수 있을 것 같은 실험이므로 실험의 조작 방법을
좀 상세히 설명하겠다.

그 나라 사람이라면 누구나 아는 유명인을 같은 성, 같은 세대에서 2명씩, 각기 자국과 타국에서 합계 4명을 고른다. 다른 나라 두 사람은 그다지 친숙하지 않다는 점이 중요한데, 영국에서는 독일이 선택되었다. 유명 독일인이면 실험에 응하는 영국인에게는 전혀 모르는 사람으로 첫 대면이 되기 때문이다. 일본의 실험이라면 일본인과 같은 분위기의 검은 머리, 검은 눈에 다만 유명인이라도 본 적이 없는 중국이나 대만 사람을 고르면 좋을 것이다(한국이면 일본에서도 알려진 유명인이 많기 때문에).

　　그런 다음엔 고른 유명인을 한 사람씩 이미지 검색을 하여 각기 상위 20위까지의 이미지를 선택해 인쇄한다. 실험은 일본의 유명인과 외국의 유명인으로 나누어 2회 실시한다. 두 사람의 사진을 20매씩 합계 40매 섞어 늘어놓고 이 사진을 동일 인물로 보이는 그룹으로 나누도록 한다. 예를 들어 두 사람으로 보이면 둘, 다섯 사람으로 보이면 다섯 그룹으로 얼굴을 나누어 간다. 이 그룹 수를 조사한바, 알고 있던 자기 나라 유명인은 깔끔하게 두 사람의 그룹으로 나누어졌는데, 알지 못하는 외국의 유명인은 여섯 사람, 일곱 사람의 그룹으로 나누어진 것이다.

　　어떤가. 역시 첫 대면에서는 얼굴 사진으로 얼굴을 알기가 어려운 듯하다. 첫 대면 상대의 얼굴이면 특히 사진발에 따라 첫인상이 완전히 달라진다. 그렇다면 사진의 얼굴은 얼마만큼 믿을 수 있는 것일지 의문이 들게 된다. 맞선 사진을 보고 상대와 만나서 혹은 증명사진을 보고 처음으로 대면해서 상대의 인상이 당초 생각과 좀 다른 것은 흔한 일이 아닐까?

그중에서도 으뜸은 지명 수배 사진을 단서로 도망친 범인을 잡는 일일 것이다. 거리에 붙은 얼굴 사진을 보고 일면식도 없는 범인을 찾아내는 것은 지극히 어려운 일이라고도 생각된다.

이것이 반대라면 이야기는 간단하다. 아는 인물을 사진 안에서 찾아내는 것은 누구라도 할 수 있는 일이다. 아는 사람의 얼굴은 모르는 사람의 경우와 완전히 다른, 종횡무진으로 대응 가능한 인식 방식을 취하고 있는 것이다. 그러므로 시간이 흘러 풍모가 다소 변하고 머리 모양이 달라져도 그 인물을 잘못 보는 일은 없다.

실제로 지명 수배범 신고가 들어온 사례를 살펴보면 면식이 있는 이웃 사람이 지명 수배 사진을 보고 신고한 경우가 많다고 한다. 즉 복잡한 거리에서 일면식도 없는 범인을 발견해서 신고하는 것은 텔레비전 뉴스 등에서 다뤄지고 잠복 장소가 한정되지 않는 한 상당히 어려운 것이다.

그런데 그런 기발한 재주를 직업으로 삼는 전문가가 있다. 그것은 도망범 찾기가 전문인 수사관이다. '범인 색출 수사관'이라 불리는 이들은 한 번에 수십 명의 범인 얼굴을 머리에 쑤셔 넣고 거리에서 범인을 찾아내는 일을 한다. 물론 보통은 절대로 할 수 없는 일이므로 상당한 노력을 들여 기억하는 것이다. 될수록 많은 사진을 입수하고 수사 기록을 보고 범인의 사람됨을 확실히 머릿속에 그려 그 성격과 내력을 바탕으로 마치 주변 인물처럼 상상하는 것이다. 상상력을 발휘해 만난 적도 없는 미지의 인물을 지인이나 마찬가지로 알아 가는 그 노력과 정신력에 의한 단련은 정말 대단한 것이다.

그런데 최근에는 방범 카메라에 찍힌 범인의 영상을 텔레비전에서 내보내는 일도 많다. 특징적인 걸음걸이나 행동은 인물을 판단하는 데는 중요한 단서로 일면식이 없는 사람이라도 머릿속에 넣기 쉽기 때문이다. 사람의 동작은 사람됨을 적확하게 드러낸다. 다음 장에서는 움직임을 나타내는 표정에 관해 이야기하겠다.

## 수정 사진도 '내 얼굴'일까

요즘에는 사진 가공이 흔한 일이 된 듯하다. 누구나 컴퓨터로 간단한 이미지 처리를 할 수 있게 되고 더 간단히 스마트폰으로도 가공할 수 있어 사진 수정이 무척 손쉬워졌다.

잡지에 실리는 연예인 중에는 항상 같은 분위기에 같은 얼굴로 나오는 사람이 있다. 잡지가 달라도 잡지사에 맡기지 않고 각기 소속사가 주도해서 똑같게 사진을 수정하는 일도 있다고 한다. 마치 머리 손질의 일부분 같다. 10년 전쯤이라면 놀랄 일이겠지만, 지금 시대에는 그리 위화감 없이 받아들여지는 듯하다.

길가 즉석 증명 사진기에도 '미백 가공'이라 내건 것이 있다. 피부

그림 4-4 **어느 쪽 얼굴이 맘에 드는가?**
스티커 사진기로 촬영한 얼굴. 가공 후(우) 눈이 커지고 피부가 곱게 보인다.
(사진 제공: 후류 주식회사, 스티커 사진기 IP 3)

를 곱게 보이는 것쯤은 흔한 처리가 된 것일까?

사진 수정에 신경 쓰지 않게 된 것은 스티커 사진의 영향이 클지 모른다. 사진을 스티커로 인쇄하는 기계를 일본에서는 흔히 프린트 클럽(약칭 프리쿠라)이라 하는데, 이것은 특정 회사의 제품명이고 일반적으로는 스티커 사진기라 한다. 1995년에 출시되어 2000년에 최초의 붐이 일어났다. 지금은 그 시기에 스티커 사진기에 친숙해진 세대를 대상으로 한 상품을 내놓고 있다. 젊은이 대상 상품뿐 아니라 30대, 중노년층을 대상으로 한 상품이 개발되고 있는 것이다.

출시 당시에는 그냥 친구끼리 함께 기념 촬영을 하는 것이었는데,

점점 사진 가공 기능이 늘어 갔다.<sup>그림 4-4</sup> 피부 결을 정돈하는 것은 기본이고 마르고 얼굴이 작아 보이게도 하는데, 특히 눈을 크게 할 수 있는 것이 큰 특징이다. 이 눈의 크기를 가공하는 데는 유행이 있는 듯 크고 화려한 눈으로 진화해 갔는데, 너무 극단적인 것에 대한 반동으로 최근에는 약간 덜 하는 것이 주류가 되었다.

여기서 근본적인 의문이 떠오른다. 대체 스티커 사진은 그 사람의 진짜 얼굴이라 할 수 있을까? 예를 들어 범죄에 휘말린 피해자의 얼굴 사진이 스티커 사진이거나 하면 그 사람의 실상이 찍히지 않은 사진에 공허함을 느끼지 않을까? 특히 눈이 크게 왜곡된 스티커 사진은 그 사람의 인격마저 빼앗는 힘이 있는 듯하다.

스티커 사진을 서양에 수출하려 한다고 하나 서양에서는 피부 보정 이상의 가공은 받아들여지지 않는 것 같다. 나다움이 없어지기 때문이라는데, 문화에 따라 자기 얼굴에서 고수하고자 하는 것이 다른 듯하다. 그런데 도대체 언제부터 스티커 사진이 그 사람의 사진으로 허용되게 된 것일까? 특히 현실에서는 있을 수 없을 정도로 큰 눈은 스티커 사진기에 익숙한 일본인에게도 위화감이 있다. 친구들 사이에서는 좋다고 해도 이런 사진을 공공연히 내보이는 것은 주저하지 않을까? 한편 회사나 학교에 제출하는 증명사진도 수정되는 것이 예사인 현재는 진짜 얼굴을 알 수 없게 되었다고도 할 수 있을 것이다(하기야 최근에는 지나치게 가공하는 것을 '사기 사진'이라 하며 자제하는 듯하지만).

그런데 도대체 자기 얼굴이란 무엇일까? 스티커 사진을 받아들이지 않는 서양에서도 화장은 예사롭게 하는 일이며 성형으로 얼굴을 바꾸는 일도 공공연하게 받아들여지고 있다. 성형과 화장은 괜찮고 사진 가공은 안 된다는 것은 일본인 관점에서 볼 때 이상하게 느껴진다. 일본은 애니메이션과 만화의 선진국이라서 어떤 나라보다도 디지털 환경을 허용하기 쉬울지도 모른다. 그 때문에 디지털 가공한 얼굴도 자신이라고 생각하는 것에 저항을 느끼지 않는 것이 아닐까?

## 얼굴의 가공: 성형과 치아 교정

얼굴 사진의 가공에 이어 얼굴의 가공에 관해 좀 더 생각해 보자. 디지털 가공보다는 덜 가공하는 성형 수술과 치아 교정 이야기다.

성형이라면 외국이 앞서 있는 듯하다. 특히 이웃 한국에서는 미용 성형이 싸고 문턱이 낮아 대학 졸업 기념으로 성형을 하거나, 나이 지긋한 남자 정치인도 성형을 했다는 등의 여러 이야기가 들린다. 미용외과학회의 조사를 보면 성형 수술 수는 미국, 브라질, 중국에 이어 일본이 많고, 인구수당 수술 수는 그리스, 이탈리아, 한국이 상위에 놓인다고 한다. 이렇게 비교해 보면 일본과 한국은 큰 차가 없다고 할 수도 있을지 모른다.

하지만 일본인은 성형에 대한 심리적인 저항감이 큰 것 같다. 부모에게 받은 몸에 칼을 대는 데 대한 저항과 자연 그대로인 것이 좋다는 감각 등이 섞여 있는 듯하다. 한편 한국은 진학 경쟁과 취업 경쟁이 치열하기로 유명한 데서 짐작할 수 있듯이 타고난 운명을 자신의 힘으로 바꾸는 것을 좋다고 간주하는 듯하다.

어쨌든 자기 얼굴에 불만을 갖고 바꾸려고 결단하는 것이 자기 결정 사항이라는 점은 틀림이 없다. 그러나 거기에는 주의해야 할 것이 있다. 머리말에서 설명했듯이 진짜 자기 얼굴을 알 도리가 없다. 거울에 비친 좌우 역전된 얼굴은 전혀 다른 인상을 낳는다. 또 이제까지 설명했듯이 한 장의 얼굴 사진도 그 사람을 똑바로 찍어 내었다고는 할 수 없다.

얼굴 사진은 촬영 조건에 따라 변하는 매우 애매한 것이다. 사진가의 테크닉에 따라 매력적이게도 반대로 매력적이지 않게도 된다. 그렇다면 자기가 자기 얼굴을 바로 볼 수단은 거의 없다고도 할 수 있다.

즉 자기의 일시적인 기분이나 판단으로 얼굴을 바꾸려는 것은 위험하다. 물론 실제 성형을 할 때에는 상담을 하면서 자기 얼굴을 다시 살펴보는 과정이 필요함은 말할 필요도 없다. 이렇게 충분히 다시 살펴보지 않으면 몇 번이나 성형을 되풀이하는 최악의 사태가 빚어질 수 있다.

그런데 근본적인 의문이 있다. 얼굴을 수정하는 수단은 미용 성형밖에 없을까?

얼굴의 기본적인 구조를 다시 보도록 하자. 얼굴의 기본은 턱이다.

원시적인 생물의 경우 얼굴은 먹이를 먹는 입뿐이었다. 진화와 함께 눈과 코 등의 다양한 감각 기관이 모여 인간의 얼굴 같은 모습이 되어 간 것이다.

음식을 씹기 위해 만들어진 턱은 얼굴의 다른 기관에 비해 굵고 단단한 뼈로 되어 있다. 턱 위에 난 이를 교정함으로써 이 토대의 인상이 바뀌고 그에 따라 얼굴의 인상이 상당히 바뀐다. 성형했다고 소문이 도는 연예인 중에는 성형이 아니라 교정을 한 경우도 있는 듯하다. 참고로, 교정은 치과 의사가 한다. 얼굴을 바꾸는 데도 여러 방법이 있다고 하겠다.


## 피부에 드러나는 건강과 매력

또 얼굴의 인상을 만들어 내는 데는 토대가 되는 골격은 물론이거니와 얼굴을 덮은 잔 근육과 지방의 힘도 큰 듯하다. 젊은 사람은 별 관심 없겠지만, 세상에 나도는 미용 관련 상품 대부분은 피부의 처짐, 주름이나 기미의 개선과 관련된 것이다.

거울 앞에서 눈가나 입가를 꼼꼼히 살피는 엄마 모습을 본 적이 있지 않은가. 잘 관찰하면 주름은 얼굴을 만드는 근육의 틈에 생긴다는 사실을 알 수 있다. 그 사람의 얼굴 생김새, 근육을 쓰는 습관에 따라 주름은 달리 생긴다. 이마의 '일자 주름', 눈가의 '잔주름', 코 밑에는

'팔자 주름', 입 옆에 인형극의 인형처럼 생기는 '마리오네트 주름' 등 각각의 주름에는 이름이 있다. 주름과 기미야말로 미용 성형으로 효과를 크게 볼 수 있는 것이라 할 수 있다.

때때로 인터넷이나 예능 프로그램을 떠들썩하게 하는 화제의 하나로 할리우드 스타들의 성형 의혹이 있다. 서양인은 동양인에 비하면 얼굴 생김새의 변화가 두드러지고 빨라서 바로 얼마 전까지 반짝반짝 빛나던 스타가 마약이나 건강하지 않은 생활로 순식간에 수척해져서 그 모습을 보고 크게 놀라기도 한다.

건강하지 않은 생활을 하면 얼굴 상태는 급속히 나빠진다. 영국에서 얼굴의 매력을 연구하는 페렛 교수는 세월에 따른 얼굴의 변화에 관해 다양한 시뮬레이션을 시도했다. 그중에 건강한 생활을 하는 경우와 담배를 계속 피운 경우, 각각 얼굴이 어떻게 변하는가를 나타낸 합성 사진이 있었다. 건강한 생활을 한 20년 후의 얼굴에 비해 동일 인물이 담배를 계속 피운 경우에는 얼마나 삭고 주름이 많은지 눈이 휘둥그레질 정도였다. 담배 등의 화학 물질은 비타민 C를 파괴하고 결과적으로 피부에 탄력을 주는 콜라겐의 생성을 방해한다고 한다. 얼굴의 탱탱함과 탄력성의 상실은 얼굴의 매력을 잃는 가장 큰 원인이라 해도 좋을 것이다.

그러면 건강하지 않은 얼굴은 왜 싫어하는 것일까? 페렛 교수는 건강한 피부색과 매력이 관련이 있다고 하는, 매력과 건강 간의 관계도 연구했다. 그에 따르면 생물은 건강하지 않은 개체를 배제하는 성질이 있다는 것이다. 또 자기 아이가 건강한 유전자를 지녀 생존경쟁에서 이기도록, 건강한 이성을 배우자로 고르게 유전자에 의해 조작되어 있다고도 한다. 인간은 반드시 동물과는 같지 않지만, 건강한 아름다움이 선호된다는 것은 텔레비전 광고에 나오는 탤런트 등을 보면 납득할 수 있으리라 생각한다.

요컨대 얼굴의 매력이란 건강하고 젊고 생기 있는 데 있다고도 할 수 있다. 굳이 토대를 바꾸는 가공을 하지 않아도 젊은 피부만으로 충분히 매력이 있는 것이다.

원래 다른 신체 부위와 비교해 얼굴은 작은 면적 안에 눈, 코, 입이 모여 있어 성형하더라도 매우 작은 부분이다. 이 작은 면적의 얼굴을 효과적으로 장식하는 방법이 있다. 그것이 화장이다.

## 화장으로 바뀐다?

피부에 매력이 좌우되는 이야기의 연장선상에서 말하자면, 화장에서도 고운 피부는 핵심이다. 분은 오래전 아스카飛鳥 시대°부터 존재했고, 분과 빨간 입술연지는 일본인이 옛적부터 해 온 화장의 상징과도

---

° 일본 문화사에서 6세기 후반부터 7세기 중엽까지의 시대. 백제와 중국의 제도와 문물이 수입되어 여러 가지 체제가 혁신되고 불교 미술이 발달하였다.

같다. 현대에도 일본인을 비롯한 아시아인들은 흰 피부에 집착하는데, 한편으로 서양인은 볕에 탄 피부를 우아하게 바캉스를 보낸 증거로 높이 치는 듯하다. 건강을 매력으로 느낀다는 점에서는 볕에 탄 피부가 우위에 놓일 것 같다.

고운 피부에 관해서는 자연적이고 건강하게 표현하도록 진화했다. 헤이안平安° 귀족의 화장처럼 새하얀 노能 가면 같은 얼굴은 섬뜩하다. 오늘날에는 파운데이션으로 윤기와 '투명감'을 낼 수 있게 되었다. 파운데이션을 발랐는데도 투명감이 있다는 것은 이상하지만, 빛을 잘 확산시킴으로써 기미나 주근깨를 감추고 피부의 투명감을 만들어 내는 것이다. 볼연지도 소도구로 쓰인다. 볼을 붉게 하는 것은 건강하게 보이게도 하지만, 볼의 붉은빛으로 피부의 투명함을 두드러지게 할 수 있는 것이다. 게다가 볼연지와 마찬가지로 입술연지도 입술의 혈색을 좋아 보이게 해 건강하게 표현한다.

여러 가지 잔손질하는 화장으로 훨씬 부담 없이 얼굴을 바꿀 수 있다. 부담 없는 만큼 별 효과는 없다고 생각지 않는가? 그런데 실제로는 얼굴의 토대가 되는 눈, 코, 입의 배치조차 화장으로 달라진다. 착시를 이용하는 것이다.

주로 이용되는 것이 눈썹이다. 눈썹은 눈의 틀과 같은 역할을 하므

---

◦   794년 간무왕이 헤이안쿄로 천도한 때부터 미나모토노 요리토모가 가마쿠라 막부를 개설한 1185년까지의 일본 정권.

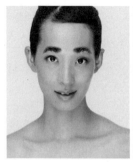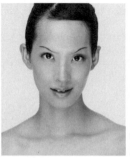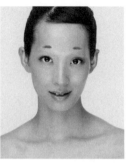

그림 4-5 **눈썹의 효과**
눈썹의 기울기나 위치를 바꾸기만 해도 눈 모양과 크기, 얼굴 각 부분의 배치를 달리 보이게 할 수 있다.

로 눈썹 모양과 위치를 바꾸기만 해도 눈 모양과 크기까지 달리 보이게 하는 효과가 있다.<sup>그림 4-5</sup>

사건을 저지른 후 도망하는 중에 성형한 범인이 화제가 된 적이 있다. 체포 때 바뀐 얼굴 모습에 놀랐지만 성형에 앞서 스스로 눈썹을 밀어 변장한 얼굴의 변화도 극적이었다. 눈썹을 밀어 치켜 올린 느낌으로 했더니 눈도 치켜 올라간 듯이 달리 보였던 것이다. 그 변화는 성형 못지않았다. 실제로 미용 성형외과에서 수술할 때 아무도 범인임을 알아보지 못했을 만큼 대단한 것이다. 눈썹만 바꾸어 여러 연예인 흉내를 내는 퍼포먼스도 있다 하니 눈썹은 얼굴 생김새를 극적으로 바꾸는 훌륭한 소재라 하겠다. 게다가 눈썹뿐 아니라 눈썹을 둘러싼 안경도 테에 따라 눈을 커 보이게 하는 효과가 있다. 눈과 같은 커브형이 효과적이며 회색보다 검은색 테가 효과적이라고 한다.

3장에서도 설명했듯이 사람은 눈에 주목하므로 인상을 바꾸는 데는 눈 주위를 연구하는 것이 무엇보다 효과적이라고 할 수 있다. 주목해서 보는 만큼 조금만 변화를 주어도 민감하게 느껴서 화장의 효과도 커지는 것이다.

이처럼 보는 쪽이 민감하게 느낀다는 것이 화장 연출의 기본이 된다. 민감하게 받아들이기에 착시로 속아 넘어가는 효과가 큰 것이다. 실제로 눈썹도 눈 화장도 착시를 이용한다. 그 효과는 절대적이어서 성형을 하지 않고도 눈 화장으로 눈이 크게 보인다는 것이 실험으로 명백해졌다. 심리학 실험에서 얻어진 수치는 화장품 광고의 선전 문구에도 쓰이고 있다.

예를 들면 아이섀도로 눈을 10퍼센트 크게 보이게 할 수 있고, 아이라인을 진하게 하면 5퍼센트, 마스카라를 하면 6퍼센트 크게 보이게 할 수 있다고 한다. 그런데 눈이 너무 큰 스티커 사진이 꺼려지듯이 눈이 크면 클수록 좋다고 할 수는 없는 듯하다. 이것도 실험으로 알려진 사실인데 눈의 크기는 '평균보다 7퍼센트 큰 것'이 가장 매력적이라고 한다.

눈가를 꾸미는 화장은 다양한데, 오래전 이집트 시대 클레오파트라도 짙고 굵은 아이라인을 그리는 눈 화장을 했다. 마귀를 쫓는 의미도 있다고 보이는, 짙은 아이라인과 아이섀도는 눈으로 강한 인상을 줄 수 있는 것이다.

또 하나 평평한 얼굴의 아시아인에게 낭보인 것은 화장이 입체감을 연출하는 효과도 있다는 것이다. 새도로 음영을 넣거나 하이라이트로 밝음을 강조함으로써 입체감을 만들어 낼 수 있다. 그림을 그리듯이 입체감을 강조하는 것인데, 예를 들어 코 옆에 음영을 넣으면 코의 형태와 높이를 달리 보이게 할 수도 있다.

착시라는 점에서 볼 때 화장이 가장 잘 사는 거리가 있다고 한다. 눈의 착시는 의외로 약간 떨어진 원거리(5미터)에 있을 때가 눈앞에 있을 때(60센티미터)보다도 효과적이라고 한다. 또 좀 먼 데서 볼 때와 가까운 데서 볼 때 매력을 판단하는 포인트가 다르다는 연구 결과도 있다. 100미터라는 아주 먼 곳에서 보면 머리 모양으로밖에 판단하지 못하고 50미터면 입술, 특히나 아랫입술 색이 영향을 끼친다는 것이다. 좋은 인상을 만들기 위해서는 화장을 효과적으로 이용하는 것도 중요한 듯하다.


## 어떤 얼굴이 되고 싶은가, 어떤 얼굴을 보이고 싶은가

사진과 화장으로 얼굴을 만드는 이야기를 해 나가다 보면 진짜 자기 얼굴을 알 수 없게 되는 듯하다. 여기서 질문이 하나 있다. 혹 얼굴을 바꿀 수 있다고 하면 어떤 얼굴이 되고 싶은가. 아이돌같이 귀여운 얼굴, 혹은 좀 더 어른스러운 얼굴이 되고 싶은가?

관찰해 보면, 얼굴의 매력에는 여러 타입이 있음을 알 수 있다. 때로는 여성 잡지에 이상적이라고 하는 얼굴도 있지만, 그래도 완벽한 얼굴이라고는 할 수 없을지 모른다. 마지막 장에서 말하겠지만, 각 얼굴에는 장점과 단점이 반드시 있다. 그리고 대개 매력적인 얼굴에는 호불호가 있다. 완벽한 얼굴이 있다고 한다면 아무도 부정하지 못하는 조화로운 얼굴일 것이다. 하지만 이런 종류의 얼굴이 완벽할까 하면 연예인으로는 적합하지 않다.

잘나가는 연예인의 얼굴을 떠올려 보자. 제각기 어딘가 특징을 지니고 있지 않은가. 완벽하고 조화롭고 평균적인 얼굴은 마음을 건드리는 것이 없어 기억에 남지 않는다. 넘쳐 나는 인물들 속에서 자신을 남들의 기억에 남기는 것이 무엇보다 우선인 연예계에서 이런 얼굴은 살아남을 수 없다. 어딘가 마음을 끄는 면이 있어 기억에 남기 쉬운 얼굴이 연예계에서는 유리한 것이다.

연예계의 예는 극단적이지만 평소 생활 속에서도 이런 종류의 일은 곧잘 일어나지 않는가? 여러분 자신만의 개성 같은 매력이 없으면 주위 사람이 여러분을 기억해 주기 어려울지 모른다.

그러면 질문이 하나 더 있다. 이 세상에 완벽한 얼굴이 존재하지 않는다 해도 여러분이 바라는 얼굴로 바뀔 수 있다면 여러분은 여러분인 채 있을 수 있을까? 얼굴은 마음과 분리되어 가면처럼 교환될 수 있는 것일까?

어떤 얼굴이 되었다고 하면 그 얼굴다운 것이 기대되고 그 얼굴답게 행동해야 한다. 그런 고정관념이 있지는 않을까? 그렇다면 좋은 얼굴을 지니면 좋은 인생을 보낼 수 있을까? 미남 미녀는 득을 보고 있는 것일까?

앞서 말했듯이 사회심리학 연구에서는 미남 미녀가 '좋은 사람'이라는 선입관으로 괴로움을 겪는다고 알려져 있다. 즉 좋은 일을 해도 당연하게 보고 반대로 조금이라도 나쁜 일을 하면 엄청나게 나쁘게 본다. 다른 사람과 똑같은 일을 해도 평가가 낮아진다는 것이다.

얼굴이나 외모에 대해서는 누구나 고민이 있다. 특히 사춘기에 심하게 고민하는 것은 사춘기 특유의 마음과 신체 변화 탓일지 모른다. 심신이 급격하게 성장하는 가운데 자기를 찾아 발버둥치는 사춘기에는 때로 자신을 놓쳐 버리는 일도 있다.

이 시기에는 부모도 혼란을 겪는다. 아이의 급격한 성장을 처음 접하는 부모의 당혹스러움도 큰 것이다. 성장을 받아들이는 데 당사자와 주위 사람 간에는 격차가 있다. 당사자는 성장했다고 생각해도 주위 사람은 여전히 아이로 간주하는 것이다. 오히려 부모 쪽이 받아들이는 데 시간이 걸린다.

주위 사람과 자신의 성장 간의 격차는 괴로운 것이다. 자기 외모를 바꾸어야겠다고 생각했을 때 얼굴보다도 재빨리 바꿀 수 있는 것이 체중이다. 체형을 만들기 위해 다이어트에 매진하는 여성은 많다. 모델 같은 체형이 되어 아름다워지고 싶다는 소망은 보편적인데, 초등학생 대상의 패션지가 생기면서부터는 이런 소망을 지니는 연령대가 낮아지고 있다. 또 한편으로 어른이 되고 싶지 않고 성숙해지고 싶지 않다는 소망이 극단적이 되어 풍만한 여성다운 몸이 되지 않으려고 먹기를 거부하는 경우도 있다.

물론 자기를 알고 하는 다이어트라면 어떤 문제도 없다. 하지만 그 중에는 자기 상태를 모른 채 이상할 만큼 체중 제한을 하는 경우도 있다. 극단적으로 여윈 손발, 고작 30킬로그램인 체중을 이상적이라 믿고 삐쩍 말라 간다. 병원에서 인공영양 보급을 하지 않으면 살릴 수 없을 정도의 상태가 되는 경우도 있다. '사춘기 마름병'이라 불리는 이 병은 제동이 걸리지 않아 죽을 위험조차 있다.

이런 소녀들을 대상으로 자기와 타인의 얼굴을 볼 때 뇌 활동을 계측한 일이 있다. 실험 결과 일반적으로는 자기 얼굴에 대한 뇌 활동은 높아도 타인의 얼굴에 대한 활동은 낮은데 이런 소녀들의 경우는 타인의 얼굴에 대한 활동도 높은 것이 밝혀졌다. 주위에 대한 관심이 높은 것이 눈에 띈다 하겠다.

사춘기에 급격히 성장하며 자기를 왜곡된 방식으로 보는 것은 실은 흔한 일일지 모른다. 그러면 무엇에 주의해야만 할 것인가.

우선 자신이 볼 수 없는 자기 모습을 되도록 객관적으로 알려고 하는 노력이 필요할 것이다. 그러려면 사회 속에 있는 것이 중요하다. 그것은 학교가 아니어도, 친구나 커뮤니티 그 무엇이든 상관없다. 자기 얼굴은 타인의 얼굴을 통해서밖에 보이지 않음을 알고 마음 속 얼굴이 되기 위해서는 사회 속에서 살며 더 좋은 인간관계를 쌓는 노력을 하는 것이 필요한 것이다.

5장

매력적인 표정을 짓다

요하네스 페르메이르의 〈진주 귀걸이를 한 소녀〉(1664년경)

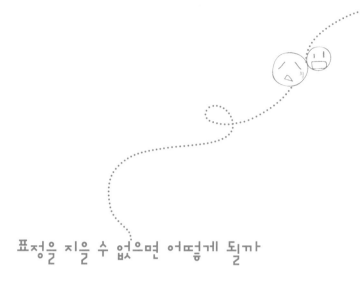

## 표정을 지을 수 없으면 어떻게 될까

매력에 관한 이야기를 앞장의 연장선상에서 하자면, 얼굴 안에 촘촘히 깔린 근육이야말로 얼굴의 매력에 공헌한다. 우리의 표정을 지어내는 것이 이 근육이다. 앞장에서는 사진에 찍힌 얼굴이 자기같이 보이지 않는 것에 관해 이야기했는데, 그 주된 이유는 근육의 움직임에 있다.

여기서 질문이다. 친한 사람의 얼굴을 떠올려 보라.

어떤 얼굴이 떠오르는가?

친구의 웃는 얼굴, 선생님의 화난 얼굴 등 갖가지 표정이 담긴 얼굴이 떠오르지 않는가? 반대로 말하면, 무표정인 얼굴을 떠올리기는 어려울 것이다.

즉 친한 사람의 얼굴은 표정과 함께 기억하고 있는 것이다. 입을 크게 벌리고 즐거운 듯 웃는 친구, 쑥스러운 듯 웃는 친구, 제각기 곧

131

잘 보여 주는 표정으로 기억하고 있다.

표정에는 그 사람의 사람됨이 한층 강하게 드러난다. 한 사람의 얼굴이란 그가 자주 짓는 표정인 것이다.

평소 건강하고 에너지 넘치고 아름다웠던 친구가 문득 멀거니 표정 없는 얼굴을 해서 인상이 완전히 달라 보여 놀란 적은 없는가. 무표정한 얼굴에는 매력과 개성을 발라낸 인상이 있는 듯하다. 얼굴은 생김새가 아니라 표정인 것이다. 그것에는 표정을 만드는 근육의 움직임이 크게 공헌한다.

혹 표정을 지을 수 없다면 어떤 인생을 보내게 될까. 사실은 표정을 지을 수 없게 되는 병이 있다.

표정을 만드는 근육을 움직일 수 없게 되는 안면 마비는 주변에서도 볼 수 있는 병이다. 스트레스가 원인으로 일어나는 안면 마비는 연예인이 걸렸다고 떠들썩해지는 일도 있다. 한 번은 들은 적이 있지 않은가?

안면 마비는 쉽게 낫는 것에서 그렇지 않은 것까지 종류가 다양하다. 실은 나도 람세이 헌트 증후군이라는 안면 마비에 걸린 적이 있다. 스트레스를 받으면 수두 바이러스가 재발해 보통은 대상포진이 되는데, 간혹 안면신경 가까이에서 활동해 안면 마비가 되는 것이다. 마비에서 회복할 수는 있었지만, 마비된 당시에는 다른 병에서는 겪지 않는 독특한 괴로움이 있었다.

안면 마비는 한쪽 근육만 마비되는 경우가 많아서 표정을 짓는 데는 어려움을 느끼지 않는다. 굳이 지적하자면 입을 벌리고 다무는 데

부자유를 느끼고 만족스럽게 말할 수 없으며 식사 때 불편했다. 그러나 그것은 내 느낌이고 주위 사람의 인상은 좀 다른 듯했다. 전혀 알아채지 못했지만, 표정이 별로 없는 얼굴을 하고 있는 것이 가족에게는 꽤 큰 고통이었던 것 같다.

주위의 위화감, 이것이 표정을 잃어버렸을 때 일어나는 가장 큰 문제인 것이다.


## 표정은 의사소통의 원점

표정을 잃는 것만으로 그 사람을 둘러싼 상황은 싹 바뀐다. 왜 그럴까?

뇌의 장애로 조금씩 운동 기능이 떨어져 자세 유지나 운동 속도 조절이 어려워지는 파킨슨병은 표정도 빈약해진다고 알려져 있다. 파킨슨병은 알츠하이머병과 같이 노인에게는 비교적 친숙한 병이다. 여러분도 병명을 들은 적이 아마 있을 것이다.

파킨슨병이 진행되면 침대나 휠체어 신세를 지는 생활을 하게 된다. 몸을 움직일 수 없는 것은 큰 충격으로 가족에게도 큰 부담이 된다. 하지만 그것 이상으로 환자 본인의 무표정은 환자를 돌보는 가족에게 큰 벽에 가로막힌 듯한 느낌을 준다.

파킨슨병 환자는 의도적으로 표정을 지을 수는 있지만, 의도치 않게 순간적으로 표정을 짓는 움직임이 불가능해진다. 의도적인 표정을 지을 수 있으면 되지 않나 생각할 수도 있지만, 그렇지 않다. 의도치 않은 표정을 지을 수 없을 때의 고생은 실로 헤아릴 수 없다.

그것은 친구와 별것 아닌 이야기를 할 때에도 해당된다. 이런 때 주위 사람 아랑곳없이 자기 페이스로 혼자 떠드는 사람은 얼마 없을 것이다. 즐겁게 대화할 수 있는 바탕에는 미묘한 표정의 주고받음이 있다. 상대방의 미묘한 표정 변화를 보고 이 이야기는 더 이상 하지 않는 것이 좋겠다든가 이 이야기는 재미있으니 계속하자든가 하며 이야기가 진행되어 가는 것이다. 혹시 이럴 때 표정 변화가 전혀 없다고 하면 얼마나 이야기하기 어려울 것인가.

재미난 이야기에 웃음을 풋 터뜨린다거나 기분 나쁜 이야기에 무심코 불쾌한 얼굴을 한다거나, 표정은 의도와 상관없이 자발적으로 생기는 것으로 의사소통을 원활히 하는 데 없어서는 안 되는 것이다. 남들과 위화감 없이 대화를 계속하는 것은 표정으로 반응해 주기에 가능하다. 표정을 잃으면 무미건조한 인생을 보내야만 할지 모른다.

파킨슨병 환자의 경우 보살피는 주위 입장에서는 예전처럼 대화할 수 없는 것이 무엇보다 괴로운 일이다. 게다가 자기가 표정을 짓지 못할 뿐 아니라 타인의 표정을 인식하는 것도 둔해지는 듯하다. 자기가 표정을 짓지 않으면 정동적인 얼굴을 상상하기 어려워진다고 한다.

자기가 표정을 잃었을 때 주위 사람은 어떻게 변할까 주의 깊게 관찰한 이가 있다. 안면 신경 마비로 안면 근육을 통제할 수 없었던 환자였던 이의 보고다.

주위 사람은 결코 심술을 부리는 것은 아니나, 표정이 빈약한 사람에게는 예 아니오로 대답할 수 있는 간단한 질문밖에 하지 않게 된다고 한다. 대화가 성립할 만한 열린 질문은 하지 않는다는 것이다. 이래서는 대화를 하려 해도 될 리가 없다.

원래 무표정이란 표정이 없는 것뿐만 아니라 더 부정적인 분위기를 자아내는 듯하다. 굳은 얼굴은 본인은 그렇게 생각지 않아도 '안절부절못하고 언짢은' 듯이 보이는 것이다. 그뿐만 아니라 "너한테는 흥미가 없어."라고 말하는 듯이, 혹은 "나는 둔하고 따분하다오."라고 말하는 듯이 여겨진다고 한다. 무표정한 얼굴로 있으면 그 사람의 매력마저 소실되어 가는 듯하며 결과적으로 근접하기 어려운 존재가 되어 버리는 것이다.

주위의 수용 방식이 그런 느낌이면 본인도 주위 사람에 대한 흥미를 잃어버리는 악순환에 빠진다. 그래서 자기 내면에 파묻힌 채 주위의 얼굴이나 세상에서 멀리 떨어져 살려고 하게 되어 버린다.

그러나 이 모든 상황은 안면 마비가 사라지고 표정이 되돌아오니 사라져 버렸다. 모든 것에 대한 흥미나 정열까지도 되찾은 듯이 생각되었다고 한다.

이런 보고에서도 표정을 지을 수만 없어도 엄청나게 고생함을 알 수 있다. 타인과 관계를 맺기 위해서는 표정이 꼭 있어야 한다고 여겨지는 까닭인 것이다. 그렇다면 혹시 선천적으로 표정을 지을 수 없다고 하면 어떤 인생을 보내게 될까? 선천적으로 얼굴 양측의 근육에 마비가 일어나는 뫼비우스 증후군이라는 병이 있다고 한다. 앞서의 안면 마비처럼 점차 주위 사람에게서 멀어져 우울증에 걸리는 경우도 있다고 하는데, 선천적으로 표정이 없는 경우가 더 큰 핸디캡을 낳는 것 같다. 격렬하게 끓어오르는 정동을 통제할 수 없다고 여겨지기 쉽기 때문이다. 왜 그렇게 되는 것일까?

## 표정은 감정과 이어져 있다

표정은 마음속에 일어나는 정동의 발달을 위해서도 중요한 역할을 한다.

자기 감정이 어떻게 발달했는가를 떠올려 보자. 어릴 때 성질을 부리거나 원하는 것을 울며 졸라 대거나 한 기억은 없는가? 울기만 하는 아기에서 자아가 싹트기 시작하는 두 살이 지난 무렵까지, 마음에 들지 않는 일이 있으면 성질을 부리고 원하는 것을 울며 졸라 대고 자기 맘대로 감정을 폭발시키는 시기가 이어진다. 제1차 반항기라 하는 이 무렵, 끈기 있는 가르침으로 제멋대로 터트리던 감정을 통제할 수 있게 된다. 마음대로 되지 않아도 참고, 남들 앞에서는 억지 부리지 않고, 특히 부정적인 정동은 억누르는 것 등은 친구와 형제 등과 사이 좋게 지내기 위해 가정과 학교에서 학습되어 온 것이다.

당연한 듯이 지나온 이 시기에 혹시 표정을 써서 자기 감정을 나타낼 기회가 없었다면 어떻게 되었을까? 물론 표정을 지을 수 없다고

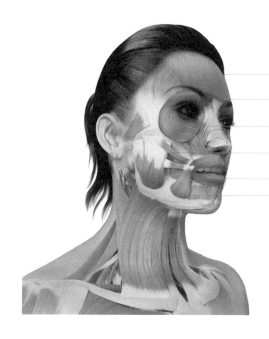

이마근(전두근)

눈썹주름근(추미근)

눈둘레근(안륜근)

큰광대근(대협골근)

입둘레근(구륜근)
입꼬리내림근

그림 5-1 **표정을 만드는 안면 근육**
미소 지을 때는 큰광대근이 부정적인 표
정에는 눈썹주름근이 작동한다.

해서 감정이 일어나지 않는 것은 아니다. 감정은 남들처럼 일지만 표
정이 없기에 주위 어른이 자기 감정을 알아주지 않는다. 그 결과, 감
정을 통제하는 훈련을 받을 기회를 갖지 못한다. 이런 훈련을 받지 못
한 채 어른이 되면 부정적인 정동을 스스로 멈출 수 없어서 폭주해 버
릴 수 있다는 것이다.

　또 평소 생활하면서 상대방이 무심코 보인 작은 표정 변화에서 그
사람이 무엇을 느끼는지를 헤아려 서로 부딪치지 않으려 하는 면이
있다. 이처럼 소소하게 감정이 부딪치는 경험을 하지 않으면 나중에
자기의 소소한 감정 변화에 대처할 수 없게 된다. 감정의 경험은 부정

적인 감정만이 아니라 긍정적인 감정을 낳는 데도 필요하다. 크게 웃어서 감정을 강화하는 일이 없으면 그런 감정을 경험할 수 없게 된다고 한다.

표정과 감정이 직접 연결된다는 것을 펜이나 젓가락을 써서 체험할 수 있는 실험이 있다.

펜이나 젓가락을 옆으로 해서 입에 물어 보라. 펜을 물면 입가가 올라가 미소를 지을 때의 근육인 큰광대근이 움직인다. 단지 이것만으로 기분이 바뀐다는 연구도 있다. 아무런 감정이 일지 않아도 근육을 움직이는 것만으로 감정이 일어난다는 것이다. 큰광대근은 긍정적인 표정과 감정에 작용하지만, 눈썹을 모을 때 작동하는 눈썹주름근은 부정적인 표정을 지을 때 쓰여 이 근육을 긴장시킴으로써 부정적인 감정을 만들어 낼 수 있다고 한다.

어쩐지 사람들과 잘 지내지 못한다고 생각되면 자기 얼굴의 움직임을 알아볼 필요가 있을지 모른다.

## 매력적인 표정을 짓기 위해 필요한 것

표정이 없으면 얼굴의 매력이 없어진다고 했는데, 그것은 왜 그럴까?

표정 중에서는 웃는 얼굴이 특히 중요하다. 수많은 사람 속에서 웃는 얼굴이 눈에 띄고 기억되기 쉽다고 한다. 거기에는 뇌의 작동이 관계하고 있다. 웃는 얼굴은 뇌에 보상으로 작동한다고 한다. 앞서 말했듯이 웃는 얼굴과 이름을 기억하는 데는 금전적인 보상을 받을 때 활동하는, 전두엽에 있는 안와전두피질이 기억에 관여하는 해마와 함께 작동하는 것이다.<sup>그림 2-5 참조</sup>

웃는 얼굴이 보상이 된다는 것은 인간의 가장 큰 특징이라고 할 수 있을지 모른다. 개나 돌고래 등 동물에게 재주를 익히게 할 때 포상은 먹이인데, 사람은 다르다. 물론 인간도 포상으로 맛있는 음식을 대접받는 일이 있지만, 그 목적은 맛있는 음식보다도 주위 사람에게 칭찬받는 것이 아닐까? 선생님과 부모 등에게 칭찬받는 것이 최고의 포상(보상)으로, 웃는 얼굴은 그 연장인 것이다. 이는 '사회적 보상'이라고 불린다. 알지 못하는 사람에게 전철에서 자리를 양보하거나 길을 가르쳐 주었을 때 상대방이 기뻐하며 짓는 웃음도 포상이 되는 것이다.

그러면 웃는 얼굴의 반대는 무엇일까? 화난 얼굴은 웃는 얼굴과 마찬가지로 재빨리 인식된다. 많은 군중 속에서 화내는 얼굴을 발견하면 위험인물로 접근하지 않아야 한다. 피해야 할 위험인물을 기억하는 것이 살아남는 데 중요한 일이기 때문이다.

더 현실적인 문제로 말하면, 근처에서 뭔가 수상한 행동을 하는 듯한 사람, 친구 사이에서도 빌린 돈을 잘 갚지 않는 사람, 그런 방심할 수 없는 사람은 나중에 손해를 입지 않게 머리에 넣어 두어야만 한다. 그런 점에서 신뢰감이 없는 얼굴은 기억하기 쉽다고 한다. 다만 기억하는 뇌의 부위가 웃는 얼굴과는 다르다. 이때에는 얼굴과 인물의 부정적인 정보의 처리, 사회적·정신적으로 상처받는 감정의 처리 그리고 벌의 처리에 관여한다고 하는 뇌섬엽과 기억에 관여하는 해마가 상호 작용한다고 한다.<sup>그림 2-5 참조</sup> 손해를 보지 않으려 뇌가 작동하고 있는 것처럼 말이다.

얼굴은 자기 신체의 일부임에도 단순한 신체의 일부라는 틀을 넘어 주위 세계와 자신을 잇는 파이프 역할을 하는 듯하다.


## 문화에 따라 표정은 다른 것일까

의사소통의 기본이 되는 표정은 사회 속에서 살아가는 데 빼놓을 수 없는 것인데, 동물도 표정을 알아차릴 수 있다. 표정은 사회를 형성하는 동물에게도 있다. 다만 동물은 얼굴이 아니라 몸 전체로 정동을 표현한다.

개를 기르는 사람이라면 실감할 수 있을 것이다. 짖는 개는 털을 거꾸로 세우고 꼬리를 들어 올린다. 몸을 크게 보여서 분노를 표현하는 것이다. 항복한 쪽 개는 꼬리를 둥글게 말아 다리 사이에 집어넣는다. 벌렁 누워 배를 보여 주는 일도 있다. 자기의 약한 부분을 보여 주어 공격할 의사가 없음을 나타내는 것이다. 이처럼 표정은 개들 간에 사회관계를 만들기 위해 이용되는 것이다.

개나 고양이를 좋아해 자주 같이 노는 사람은 웃음의 기원을 발견할 수 있을지 모른다. 숨을 거칠게 쉬며 혀를 내미는 개의 입가는 벌어져 거기에 기쁨이 표현된다. 고양이도 놀이에 빠져 흥분하면 이런 표정을 보이는 경우가 있다.

동물에 기원을 둔 표정 표현은 인간에게는 얼굴에 집중되었다. 표정은 선천적인 것으로 세계 공통이라고 한다. 외국에 가서 말이 통하지 않아도 제스처를 쓰면 의사소통이 가능하다. 그것은 감정 표현이 공통되기 때문이다.

슬플 때는 눈물을 흘리며 울고, 기쁠 때는 방긋 웃는 기본적인 희로애락이 표정으로 통하지 않으면 곤란하다.

그렇다고는 해도 또 한편으로 표정에도 문화 차가 있음이 밝혀졌다. 원래 '로마에 가면 로마법을 따르라'는 속담이 있듯이 문화가 바뀌면 '행동'도 변하는 것은 자명한 일이기도 하다. 홈스테이 등으로 해외 생활을 체험해 보면 살짝 차이 나는 것을 느끼는 경우도 있을 것이다. 특히 서양에서 생활하게 되면 항상 활기차게 행동해야 해서 힘들다고 느끼는 사람도 있을 것이다. 기쁨은 적극적으로 표현해야 하고 모르는 사람이라도 지나칠 때면 웃으며 인사하는 습관 등에 지쳐 문화 충격으로 집에 틀어박혀 버리는 학생도 있다고 한다.

서양과 일본 간에는 표정을 어떻게 표출해야 하는가 하는 규칙이 다른 것이다. 선물을 받았을 때, 시험에서 좋은 점수를 받았을 때, 긍정적인 감정은 과장되게 표현하기를 서양에서는 바라는 것이다. 한편 일본에서는 자기만 득 본 것을 공공연히 표현하기를 삼간다. 주위 사람 눈을 신경 써서 기쁨을 과장되게 표현하기를 삼가는 일본인의 행동은 서양에서는 수상하게 생각하는 경우조차 있다. 그야말로 다른 문화다.

매스컴 앞에서 아기처럼 소리 높여 우는 의원이 화제가 된 적이 있다. 나이 먹을 만큼 먹은 어른이 남 앞에서 그러는 것은 부끄러운 일이라고 일본인도 거부감을 갖지만, 남 앞에서 부정적인 표현을 자제하는 경향이 강한 서양에서는 더욱이 있을 수 없는 일로 비추어질 것이다.

이 같은 행동의 차이뿐 아니라 상대의 표정을 읽을 때 얼굴 어디에 주목하는가가 문화에 따라 다른 것이 밝혀졌다. 앞서도 언급했듯이 상대의 표정을 읽을 때 서양인은 얼굴 전체를 보지만, 일본인은 상대의 눈에 주목하는 것이다.

여기에는 표정 짓는 법의 차이가 영향을 끼치는 것 같다. 서양인의 표정은 굳이 말하자면 의도적으로 크게 표현되는 편인데, 그런 경우 입에 크게 표현된다. 입가를 충분히 끌어 올려 기쁨을 크게 표현하는 것이 서양인의 표정 짓는 법인 데 비해, 눈으로 생긋 자연스런 표정을 지어 내는 것이 일본인이다.

기쁨을 과장되게 표현하지 않는 일본인의 표정은 서양과 비교하면 움직임이 작다. 그 작은 표정의 변화를 알아채려고 눈에 주목하는 것이다. 문화에 따라 보는 방식이 차이 나는 것은 놀랍게도 1세 미만의 어릴 때부터 시작한다는 사실도 밝혀져 있다.

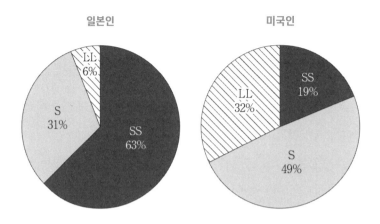

일본인            미국인

**그림 5-2   세로토닌 수송체로 본 일본인과 미국인의 차이**
공격을 억제하는 신경전달물질인 세로토닌을 나르는 세로토닌 수송체 유전자 다형은 특히 적은 SS형과 약간 적은 S형,
많은 LL형으로 나뉘며 일본인과 미국인 간에 그 비율은 차이가 난다. 일본인에 많은 SS형은 불안이 강한 타입이다.

    문화에 의한 세례는 아주 이른 시기에 이루어지는데, 유전자의 관
여도 논의되고 있다. 공격을 억제하는 신경전달물질인 세로토닌을 나
르는 세로토닌 수송체의 양이 서양인과 동아시아인 간에 차이가 난
다는 것이다. 세로토닌 수송체 유전자 다형은 특히 적은 SS형과 약간
적은 S형, 많은 LL형으로 나뉘는데, 일본인의 비율은 각기 63퍼센트,
31퍼센트, 6퍼센트인 데 비해 미국에서는 19퍼센트, 49퍼센트, 32퍼
센트였다.<sup>그림 5-2</sup> 일본인에서는 특히 적은 사람이 많고 미국에서는 반
대로 많은 사람이 상당히 있는 것이다.

    세로토닌 수송체의 양이 적고 불안이 강한 타입은 일본인의 특징
이라고도 할 수 있다. 이런 사람들은 우울해지기 쉽고 사회불안 등의

위험 인자라고도 일컬어지는 한편, 충동적인 행동이나 사회적 일탈 행위는 낮다고 한다.

피아노 발표회, 시합, 면접 등 중요한 때 침착함을 잃고 흥분해 버린 괴로운 경험은 누구나 한 번은 있을 것이다. 하지만 그것이야말로 일본인의 특징인 것이다.

이런 사람들을 하나로 묶는 일본 문화의 특징으로 '상호 협조적 자기관'이 있다고 한다. 타인과의 결속을 우선시하며 협조성에 무게를 두고 사회적 일탈에 대한 공포가 큰 것이다.

그 경향은 '모두 동등'하다는 암묵적인 전제로 성립하는 중학교와 고등학교에서 더 큰 압력으로 작용할 가능성이 있다. 학교생활과 친구 관계에서 짐작 가는 것이 있지 않은가? 남의 눈을 의식해서 자기 의견을 굽힌 일은 없는가? 점심을 누군가와 먹어야 한다는 압력을 느낀 적은 없는가? 친구와 함께 행동하는 것은 마음이 놓이지만, 도가 지나치면 고통이 되는 경우도 있을 것이다. 그럴 마음이 없는데도 같이 화장실에 가야 한다거나 받은 메일에는 반드시 답신을 보내야 한다는 등의 강박관념을 지닌 적은 없는가?

이런 행동들은 일본인 대부분을 차지하는 불안이 높은 유전자를 지닌 사람들이 불안을 함께 껴안으며 만들어 낸 습관일지 모른다. 아니면 혹 이런 습관에 맞는 불안이 높은 유전자를 지닌 사람들이 일본 사회에 적응했는지 모른다. 어쨌든 잘 지낼 때는 기분 좋은 협조적 관계도 지나치면 서로 괴롭히거나 자기 기준에 맞지 않는 이단을 배척해 버리는 나쁜 경향으로 흐르기 쉽다. 때로는 자신들이 지닌 특징이나 습관에 관해 자각해 볼 필요가 있을지 모른다.

## 표정을 알 수 없는 사람

표정을 알아차리는 능력에 관해서도 말해 두자. 상대의 표정을 잘 알아차릴 수 없다면 어떤 일이 벌어질까?

얼굴을 볼 때에는 표정도 같이 보인다. 앞서 여기저기서 얼굴이 보이는 병 이야기를 했는데, 그 얼굴에는 꼭 표정이 있다. 슬퍼하거나 기뻐하는 듯한 얼굴이 보인다는 것이다. 이와는 별도로 유령이 보인다고 주장하는 사람도 표정을 띤 얼굴을 보는 듯하다. 원망하는 사람이 있다든가, 감사하는 사람이 있다든가, 아무것도 없는 곳에서 사람 얼굴이 보일 때에는 그 표정도 보이는 것이다.

이것은 사람 이외의 '얼굴'에도 해당한다. 어린이 사고를 막으려고 일부러 앞면을 무서운 얼굴로 보이게 설계한 오토바이가 있다. 차나 오토바이를 앞에서 보면 헤드라이트가 마치 좌우 두 개의 눈인 사람 얼굴처럼 보이는데, 그 눈인 헤드라이트를 추켜올려 무서운 얼굴을 만들어 내는 것이다.

다양한 감정 중에서도 공포의 감정은 중요하다. 공포의 감정에는 뇌의 특별한 영역인 편도체가 작동하기 때문이다. '무서운' 감정은 생사와 직결되고 무서운 감정이 생겼을 때 몸이 섬뜩섬뜩 반응해 좌우 간 급히 그곳을 도망치게 된다. 생각하는 것보다도 먼저 몸이 반응하는 것이다. 그런 사람의 본능을 이용해서 아이들이 오토바이를 피해 교통사고를 막도록 설계된 것이다.

편도체는 독사 같은 위험한 생물이나 공포의 표정을 봤을 때 활동한다. 거리에서 핏발 선 눈에 칼 든 사람을 보면 무엇보다도 먼저 그곳에서 도망쳐야 한다. 단 한순간밖에 보이지 않은 것에도 편도체는 반응한다. 긴급하게 반응해 본능적으로 몸을 움직이는 것이다.

편도체가 잘 작동하지 않으면 어떤 일이 벌어질까? 편도체에 손상을 입은 사람은 웃는 얼굴이나 우는 얼굴은 알아도 무서운 얼굴은 모른다. 눈을 딱 부릅뜨고 이를 드러낸 공포의 표정을 보아도 그 얼굴이 무엇을 의미하는지를 전혀 알지 못한다.

편도체가 학대 등의 경험에 시달리면 손상을 입는 것은 앞에서 설명했는데, 편도체의 활동에 개인차가 있다는 것도 밝혀졌다. 미국의 실험에서는 '백인은 좋은 사람이고 흑인은 나쁜 놈이다'라는 편견이 강한 것과 편도체의 활동 간의 관련을 조사한바, 편견이 강한 사람일수록 편도체의 활동이 높다는 것이 밝혀졌다. 미국에서는 흑인에게 총구를 겨누는 백인 경찰관 사건이 끊이지 않기에 행해진 실험이다. 무서운 이야기이지만, 이런 편견을 근거로 잘못 판단하는 것은 편도체의 활동이 강한 사람에게 일어날 수 있다고도 생각되는 것이다.

한편 선천적으로 편도체의 활동이 약하기 때문에 표정을 알아차리지 못한다고 하는 사람들도 있다. 윌리엄 증후군이라 불리는 유전적인 질환이다.

지적 능력은 약간 낮은 편인데, 한번 들은 음악을 그대로 피아노로 치거나 노래하는 등 음악에는 천재적인 능력을 보여 주는 경우가 많은 것이 이 증후군의 특징이다. 또 매우 사교적이다. 타인에 관한 공감은 보통 사람 이상으로 강해서 다른 사람의 고통을 자신의 고통만큼, 또는 그 이상 느끼는 일도 있다.

그런데 이렇게 공감성과 사교성이 높은 반면, 공포를 처리하는 편도체의 활동이 약하다. 너무 허물없다고 느껴질 정도로 처음 대면한 사람과 사이가 좋아지는데 그것은 오히려 무섭다는 감정이 일기 어렵기 때문인 것으로 여겨진다. 위험스런 인물을 피하고 위험한 상황에서 도망쳐야 한다는 판단도 서툰 듯하다.

지나가는 이에게 순식간에 공격을 당할 때는 순간의 판단으로 피해야만 하며 눈매가 수상한 사람에게는 접근하지 않는 것이 무난하다. 이 세상을 꿋꿋이 살아가는 데는 적당한 경계심이 필요하며 그것은 감정이 판단해 주는 것이다.

## 표정을 읽고 이해하는 힘의 발달

그렇다면 표정이나 감정 알아차리기는 어느 무렵부터 획득되는 것일까? 발달 과정을 개관하면 문화 차가 보이는 듯하다.

아기는 대개 생후 7개월 전후로 기쁨이나 분노 같은 기본적인 표정을 구별할 수 있게 된다. 그리고 생후 10개월쯤 되면 엄마의 표정을 들여다보고 자기 행동을 하게 된다. 예를 들어 모르는 사람이 말을 걸어오는 경우 자꾸만 엄마 얼굴을 살핀다. 웃는 얼굴이면 좋다는 신호, 굳은 얼굴이면 안 된다는 신호가 되는 것이다. 생글생글 웃으며 상대해도 좋을지 모른 척하는 것이 좋을지 울음을 터뜨리는 것이 좋을지 엄마 표정으로 판단하는 것이다. 이것은 '사회적 참조'라고 하는데 3장에서 소개했듯이 엄마의 얼굴이 웃음 짓고 있으면 절벽 위라도 앞으로 나아가려는 것이 실험으로 밝혀졌다.

이 무렵에는 '낯가림'도 시작된다. 누구에게나 생글생글 웃던 갓 태어난 시기를 지나면 면식이 있는 사람 이외에는 받아들이지 않게 되는 것이다. 모르는 사람이 말을 걸어오면 긴장해서 굳어지고 울음을 터뜨리는 아이도 있다. 이제까지 낯가림은 대략 생후 10개월 무렵에 시작된다고 여겨졌는데, 최근에는 8개월경의 아기에서도 볼 수 있다.

이 낯가림에는 문화 차가 있는 듯하다. 낯가림에 해당하는 말은 일본을 비롯한 몇 나라 외에는 없으며 아기 때 이후 낯가림이 계속되는 것은 일본인의 특징이라고도 할 수 있다. 엄마와 조금이라도 떨어지면 울며 쫓아다니기에 마음 놓고 화장실에도 갈 수 없다거나 아기 의자에 앉히는 것이 어렵다거나 하는 어려운 상황이 계속되는 일도 있는데, 서양에서는 이를 좋게 보지 않는다. 일본에서는 엄마와 함께 있는 것이 허용되지만, 서양에서는 되도록 일찍 자립하라는 재촉을 당한다.

일찍 자립하도록 촉구하는 서양의 입장에서는 일본의 부모 자녀 관계에 문제가 있는 듯이 보인다. 그것은 앞에서도 말했듯이 애착의 문화 차로 실험 결과로도 드러났다. 서양 기준으로 보면 일본은 애착이 너무 강해서 문제라는 것이다.

서양에서는 되도록 일찍 자립하여 혼자서 자게 하나 그 대신 엄마를 대체할 '이행 대상'을 지니는 것이 허용된다. 아이를 맡길 때에는 '엄마를 대신할 것이 있으면 맡겨 달라'는 말을 듣는다고 한다. 스누피의 친구 라이너스가 항상 끼고 다니는 후줄근한 담요처럼 안심하게 해 줄 엄마의 대체물은 받아들여지는 것이다.

이런 발달상의 문화 차를 낳는 데도 앞서 말한 세로토닌 수송체가 관련되어 있는지 모른다. 다만 문화 차가 있다고 해서 낯가림이 언제까지나 계속되어서는 문제다. 어느 정도 큰 다음에는 모르는 사람과도 제대로 대응할 수 있도록 양육되어 가는 것이다.

그렇다면 낯가림은 어느 무렵 끝나면 좋은 것일까? 실은 그 발달은 뇌과학에 의해 증명되고 있다. 모르는 사람에 대한 불안은 편도체의 반응과 함께 4세부터 17세 사이에 서서히 줄어든다고 한다. 어린아이에게서는 공포 반응이 강하게 나타나는 듯하다. 어린아이가 모르는 어른에게 태연히 다가간다고 하면 '유괴'될 위험도 있다. 그렇게 되지 않도록 하는 방어책이 공포를 느끼는 편도체에 끼워져 있는지 모른다.

앞에서도 말했듯이 무서운 얼굴을 봤을 때의 공포 반응은 아이 때부터 청년기에 걸쳐 상승하다가 어른이 되면서 감소한다. 청년기에는 주위 표정에 어떤 세대보다도 과민하게 반응하게 되어 있는지도 모른다.

6장

# 남과 여, 어른과 아이

: 얼굴의 성장과 마음의 성장

윌리엄 아돌프 부그로의 〈유혹〉(1880년)

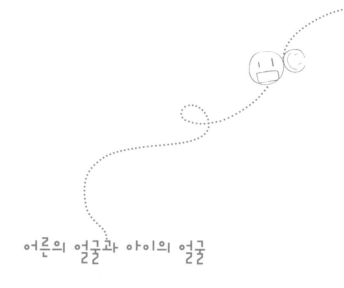

## 어른의 얼굴과 아이의 얼굴

어릴 때부터 이목구비가 뚜렷한 백인 아이는 누구든 귀여워 보인다. 일본인의 평평한 얼굴과 비교하면 종종 부럽기까지 하다. 하지만 그 부모의 전형적인 백인 용모와 견줘 보면 왠지 석연치 않은 느낌마저 든다. 그런데 사춘기에 접어들었을 무렵에 다시 아이와 만날 기회를 갖게 되면 그 비밀을 알 수 있다. 귀여움은 사라지고 아버지나 어머니와 판박이인, 백인이라 하면 으레 떠올릴 법한 외모를 하고 있기 때문이다.

할리우드 영화의 유명 아역 배우가 성장한 모습을 보면 그 변화를 더 뚜렷이 알 수 있다. 턱뼈와 코뼈가 자라서 전체적으로 얼굴이 길쭉해지는 것이다. 그 결과 아역 때의 균형 잡혀 있던 얼굴이 불균형해져 버리는 경우도 있는 듯하다.

사람의 얼굴에 미추를 만들어 낸 신은 잔혹하지만 시간에 따른 변화는 공평하게 찾아오는 것 같다. 아름다움은 영원히 계속되는 것이 아니기 때문이다. 백설 공주의 계모처럼 영원한 아름다움을 추구하는 것은 마의 영역이다. 아름다움은 덧없으며 가장 아름답게 보이는 절정기는 각 사람마다 제각기 정해진 듯하다.

얼굴의 아름다움에는 균형이 중요한데, 균형을 유지하며 성장하기란 상당히 어려운 일이다. 어떤 나이에는 절묘하게 균형을 이루었는데, 커서 인상이 바뀌는 경우는 흔하다.

아이에서 어른으로 성장함에 따라 얼굴 골격은 변화한다. 소년에서 어른의 얼굴이 되면 눈두덩이 솟아오르고 턱이 길어지며 얼굴의 위쪽 절반의 폭이 넓어진다고 한다. 그리고 그런 변화는 서양인에서 뚜렷하다.

일본인의 얼굴은 성장에 따른 변화가 작은 듯이 보인다. 딸과 나란히 있으면 자매라고 착각할 만한 엄마의 모습을 보는 경우도 있다. 굴곡이 작은 일본인의 얼굴은 성장에 따른 변화가 작기 때문일 것이다. 서양인과 일본인의 차이에 대한 이야기는 뒤에서 하기로 하고 우선은 어른과 아이의 얼굴 차이부터 살펴보자.

주변 사람들의 얼굴을 새삼 바라보면, 시간의 흐름에 따른 변화는 같은 나라 사람끼리도 크고 작은 차가 있는 듯이 보인다. 언제까지나 어려 보이는 사람이 있는가 하면, 어릴 적부터 어른스럽게 보이는 사람도 있다. 똑같이 나이를 먹는데도 외관상 나이가 다른 것은 때로는 고민스러운 일이기도 하다.

대학생쯤까지는 나이보다도 어려 보이는 것이 불만이기도 하다. 한편 어느 정도 나이를 먹으면 남보다 늙어 보이는 것이 불만이 된다. 일반적인 경향으로 나이 먹지 않는 것을 좋아한다. 노화가 늦는 것은 건강하고 영양이 좋은 증거라고 해석되기 때문이라고 한다. 물론 젊게 보이는 데는 피부 윤기도 중요하지만, 일반적으로 이들 개인차에는 얼굴 생김새의 차이가 있는 듯하다.

아이 얼굴은 둥근 얼굴이다. 둥근 얼굴이면 어려 보인다. 극단적인 경우는 세월이 흘러도 어른으로 보이지 않고 귀여운 아이 느낌이다가, 늙나 했더니 어른을 건너뛰고 곧장 할머니가 되어 버렸다고 하는 타입도 있을 것이다. 한편, 자라면 턱이 길어지고 얼굴이 길어진다. 즉 갸름한 얼굴이면 어른스럽게 보이는 것이다.

아이 같은 얼굴과 어른스러운 얼굴, 제각각의 얼굴이 어떻게 평가되는가를 조사한 실험이 있다. 결과는 충격적인데, 어른스러운 긴 얼굴이 리더로서 뽑히기 쉽다는 것이다. 얼굴만으로 인상이 결정되는 것은 다소 불합리한 느낌이 든다. 나중에 상세히 이야기하겠지만, 얼굴로 형성되는 인상에는 성별에 따른 영향이 있다고 한다. 남성 호르몬의 영향으로 남성의 얼굴은 각지고 폭이 넓어진다. 그리고 얼굴이 넓적한 남성다운 얼굴은 비즈니스 파트너로서의 신뢰성을 평가받거나 할 때 낮게 평가되는 경향이 있다는 것이다.[169쪽 참조]

왜 이런 불합리하다고 할 수 있는 인상이 형성되는 것일까? 그 배후에는 사람들의 밑바탕에 있는 생물성이 관계한다. 인간도 자기의 유전자를 이을 자손을 남긴다는 생물적인 성질을 오늘날에도 약간이나마 지니고 있는 것이다.

마지막 장에서는 현대사회에서 보면 불합리하다고 할 수 있는 이 생물로서의 철칙을 아이의 얼굴과 남녀의 얼굴에서부터 차례로 살펴보자.

## '가와이이'°(귀엽다)를 생각한다

어른스런 얼굴이 리더로서 선택되기 쉽다는 결과는 충격적이지만 아이 같은 얼굴도 그리 나쁜 게 아니다. 아이 같은 얼굴은 얕잡아 보인다고 해도 그 반면 친근감이 든다는 장점이 있다.

아이 같은 얼굴은 '귀여운' 것이다. 귀여운 얼굴은 최강의 무기이며 귀여운 얼굴이 득을 본다는 것을 뒷받침하는 연구는 많이 있다.

아이 같다고 하는 것은 납득이 안 된다 해도 '귀엽다'는 말이라면 쉽게 받아들여지지 않을까? '귀엽다'(가와이이)는 일본이 세계에 발신하는 하위문화의 하나이기도 하다. 키티, 포케몬 등 일본의 미디어는 귀여운 것으로 넘쳐나며 그 캐릭터와 상품은 해외에까지 속속 수

---

° 일본의 독특한 문화를 나타내는 표현으로, 옥스퍼드 사전에도 cute와 별개의 항목인 kawaii로 실려 있다. 본문 내용에서 우리말 '귀엽다'와 뉘앙스에 차이가 있음을 알 수 있으리라고 판단해 여기서는 가장 근접한 '귀엽다'로 옮겼다.

출되어 퍼진다.

'귀엽다'는 일본의 독자적인 문화이기도 하다. 왜냐하면 일본 말고 다른 나라에서는 '귀엽다'는 표현이 반드시 긍정적으로 받아들여지지는 않기 때문이다. '아름답다'는 표현이 찬미에 바탕을 둔 좋은 것을 가리키는 데 비해 '귀엽다'에는 경멸이나 부정이 다소 포함되는 것 같다. 이런 수용 방식은 서양뿐 아니라 일본에 가까운 중국이나 한국에서도 마찬가지인 듯하다.

왜 일본만이 '귀엽다'를 좋은 표현으로 느끼는 것일까? 귀여운 표현을 분석해 온 비교문학자인 요모타 이누히코에 의하면 그 경향은 헤이안 시대에 쓰인 일본의 고전 『마쿠라노소시』枕草子의 '모노노아와레'*나 『곤자쿠모노가타리』今昔物語까지 거슬러 올라갈 수가 있다고 한다. 일본인에게는 '덧없는 것'을 사랑하는 심정이 옛날부터 있었고 미성숙을 아끼는 문화가 있었다는 것이다.

한편 심리학에서는 일본 문화는 '응석'을 허용하는 특징이 있다고 생각해 왔다. 섬나라로 이웃 나라와의 분쟁이 많지 않은 일본 사회에서는 타인의 약점을 허용하고 귀엽다는 미성숙한 상태도 허용하는 마음씨 고운 면이 있는 것일지 모른다.

근래의 '귀여운' 문화의 유행과 함께 이 표현에도 변화가 있는 듯

---

◉　헤이안 시대에 만들어진 일본의 전통적인 미의식. 외계로서의 '모노'와 감정으로서의 '아와레'가 일치하는 데서 생기는 조화로운 정취의 세계를 뜻한다.

하다. 여러분은 '귀엽다'를 어떻게 쓰고 있는가? '귀엽다'를 어떻게 느끼고 어떻게 받아들이고 있는 것일까? 예를 들어 무서워 근접하기 힘든 교장 선생님이 조례 때 어쩌다 보인 표정이나 행동에 "귀엽네." 하고 얘기들 한 적은 없는가? '귀엽다'고 이야기하기 전과 후에 어떤 마음의 변화가 있을까?

원래 '귀엽다'는 작고 약한 존재에 던지는 표현이었다. 윗사람인 선생님을 '귀엽다'고 하는 일은 없었다. 존경해야 할 대상을 귀엽다고 하는 것은 실례가 된다고 생각했기 때문이다.

그런 점에서 손윗사람에게 '귀엽다'고 하는 것은 위에서 내려다보는 시선으로 말하는 투이고 입장을 역전시킨 것이 된다. 그렇다고 해서 결코 상대를 깔보는 것은 아닐 것이다. 그 증거가 듣는 입장에서 부끄러움은 들어도 기분 나쁘지는 않다는 사실이다.

그 수수께끼를 푸는 열쇠로 '귀엽다'의 새로운 사용법이 있다. '못생긴 게 귀엽다'든가 '역겨운 게 귀엽다' 등 다양한 형용사에 '귀엽다'를 붙이는 경우가 있다.° '귀엽다'를 붙이면 부정적이었던 '못생겼다'거나 '역겹다'는 인상이 바뀐다. 굳이 어느 쪽이냐 하면 긍정적인 인상을 띠게 된다. 게다가 온화함이 든달까 군힘이 빠졌달까 훨씬 가깝게 느껴지는 듯한 기분마저 든다.

° 못생겼는데 귀엽다거나 역겨운데 귀엽다는 뜻이 아니라 못생기고 역겨운 것 자체에서 귀여움을 느낀다는 뜻이다.

'귀엽다'는 온화함을 낳는 마법의 말일지 모른다. 먼 존재였던 선생님을 '귀엽다'고 말함으로써 가까이할 수 있는 것이다. 어쩐지 보호하는 입장에 선 기분이 되어 새삼스레 그 사람의 장점을 느낄 수 있을지 모른다. 듣는 사람도 상대를 더 가깝게 느낄 수 있을 것이다.

'귀엽다'로 이처럼 따뜻한 마음가짐을 갖는 것은 일본인의 특징이라고 할 수 있을지 모른다.

## '귀엽다'를 분석하다

미인계의 여배우가 굳이 나누자면 긴 얼굴 생김새를 한 데 비해 귀여운 계통의 둥근 얼굴은 친근감이 돋는 아이돌에 많이 보인다. 그뿐만 아니라 주변에 있는 다양한 캐릭터를 관찰해 보라. 포케몬이나 키티, 다양한 애니메이션의 캐릭터 얼굴도 둥근 얼굴이다.

귀여운 인상을 낳는 둥근 얼굴 이외에도 귀여움을 나타내는 신체적 특징이 있다. 노벨의학상·생리학상을 수상한 동물행동학자 콘래드 로렌츠Konrad Lorentz, 1903~1989가 귀여움을 나타내는 특징을 정리했다.

그림 6-1에 있는 대로다. 상대적으로 큰 머리, 엄청난 머리뼈 중량, 아래쪽에 있는 큰 눈, 포동포동한 뺨, 굵고 짧은 손발, 보드랍고 탄력성 있는 피부, 그리고 서툰 동작이다. 이 특징을 '베이비 스키마'라고 부른다.

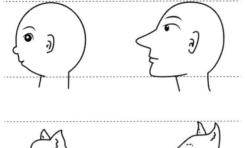

그림 6-1 　왼쪽이 베이비 스키마, 큰 머리와 아래 붙은 눈. 아이의 형태적 특징을 지닌 '베이비 스키마'는 친근한 완구나 인형, 애니메이션의 캐릭터에서 발견할 수 있다.

주변에 있는 완구나 인형에서도 아이에게서 보이는 이런 특징들을 찾아볼 수가 있을 것이다. 인형의 큰 배와 유난히 머리가 큰 체형, 홍보 캐릭터 인형 탈의 어색한 걸음걸이, 순진한 얼굴 생김새나 몸 모양새, 동작이나 걸음걸이에서 귀여움을 찾아낼 수 있는 것이다. 대상은 생물에 한정되지 않는다. 둥근 모양을 한 귀여운 차에서도 이 특징을 찾을 수 있다. 이들은 모두 베이비 스키마를 살린 것이다.

귀여운 외모는 왜 이렇게 널리 침투되어 있는 것일까? 사실은 귀엽다는 것은 특별하며, 생물이 선천적으로 지니는 성질과 깊이 관련되어 있다.

귀여운 것은 아이의 특징이다. 생물에게 자식을 키우는 것, 자기의 자손을 남기는 것은 가장 중요한 일이다. 약한 아이는 발견하면 바로 보호해야만 한다. 그 때문에 아이를 나타내는 특징을 발견하면 생각하고 말고 할 것도 없이 먼저 본능적으로 재빨리 반응해 보호하는 것이다.

귀여운 아이를 나타내는 특징에 인간은 자동적으로 반응하도록 되어 있는 것이다. 아이의 특징을 발견하면 작은 아이를 무의식중에 보호하고 싶어지도록, 무의식중에 눈길을 주고 잡아 보고 싶다는 욕구가 일어난다. 베이비 스키마는 사람이 타고난 그런 본능을 자극하는 것이다.

그런데 베이비 스키마의 특징에서 말했듯이 '귀엽다'는 얼굴 생김새나 외모만이 아니라 동작으로도 표현할 수 있다. 어설픈 움직임은 '귀여움'을 연출할 수 있는 것인데, 이를 알고 주변을 둘러보면 이런 요점을 꿰어 자신을 능숙하게 연출하는 사람이 눈에 들어온다.

예를 들면 '천연'이라 얘기되는 탤런트나 아이돌의 경우 소소한 실수도 매력으로 바꾼다. 어설픈 걸음걸이를 한다거나 실수를 한다거나 하는 데서 호감을 느끼게 한다. 10년 전만 해도 아이돌은 일부러 음정을 이탈한 노래를 해서 그것이 또 매력으로 여겨졌었다.

아양 떠는 듯한 귀여움에는 높은 목소리도 있다. 인간의 아기도 동물 새끼도 부모를 부를 때는 높은 소리로 운다. 타고난 목소리보다도 높은 소리를 내려고 하는 사람도 있다. 여성 역을 하는 남자 배우도 가성을 쓴다. 남성에서 성전환한 이도 목소리는 자력으로 바꾸어야 한다. 목소리 훈련을 받아 필사적으로 높은 소리를 내려고 연습하는 사람도 있다고 한다. 뒤에서 설명하겠지만, 남성보다 여성이 유형성숙幼形成熟한 면이 있기 때문이다.

'귀여운' 행동의 정반대를 생각해 보자. 텔레비전에서 미스 유니버스 대회의 무대 뒤를 비출 때 보면, 후보들이 받는 훈련이 얼마나 혹독한지 압도될 정도다. 여성의 아름다움을 표현하기 위해 군더더기 없이 아름다운·자세로 행동하는 것을 철저하게 훈련받는다 한다.

여러분은 세련된 아름다움을 어떻게 느끼는가?

목표로 삼는 세련된 성인 여성의 행동은 아름답지만 빈틈이 없다. 성인 여성으로서의 아름다움과 귀여움은 다른 것인 듯하다. 귀여움이 일본 발신의 문화라고 한다면 미스 유니버스의 아름다움은 서양 기준의 사고방식이라 할 수 있을 것이다. 이 둘 사이에는 문화에 의한 차이가 있는 듯하다.


## 아시아인은 젊게 보인다?

귀여운 얼굴은 생물의 본능과 결부된 강한 매력을 지님을 알았는데, 생물학자인 몬태규Ashley Montagu에 의하면 다른 생물과 비교해 사람은 유형성숙이 강하다고 한다. 이것을 neoteny라고 한다.

신생아의 모습을 다른 동물과 비교하면 인간은 압도적으로 미숙하게 태어난다. 태어나서 바로 걷기 시작하는 동물과 비교하면 목도 못 가누는 채 태어나는 인간의 아기는 힘이라고는 없다. 태어나서 1년

넘게 부모에게 양육되지 않으면 죽어 버릴 정도로 약한 생물은 인간밖에 없을 것이다.

그 미숙함은 신체적인 특징에서도 볼 수 있다. 어른이 되면 얼굴이 길어진다고 했는데, 아기 때의 둥근 두개골은 자라면서 길고 딱딱해진다. 인간에 가까운 종인 침팬지나 고릴라와 비교하면 다 자라도 어리다는 것이다. 인간의 두개골은 침팬지나 고릴라의 새끼 때의 두개골과 유사하다. 두개골뿐만 아니라 약하디 약한 골격이나 털이 적은 점 등에도 인간의 유형성숙이 나타난다.

여성의 형태는 한층 유형성숙되었다고 한다. 두개골의 형상으로 말하면 머리가 둥글고 턱이 작고 머리뼈가 크다는 점이다. 신체적인 특징으로는 털이 수북하지 않고 피부가 섬세하고 신체가 작다는 점이다. 여성에 뚜렷이 나타난다는 유형성숙은, 다양한 인종 중에서도 아시아인(중국인이나 일본인)에서 뚜렷하다고 한다.

평평한 동양인의 얼굴은 자라도 서양인만큼 골격이 발달해 굴곡이 뚜렷한 얼굴로는 되지 않는다. 큰 머리와 땅딸막한 체형과 납작한 코의 얼굴을 생각하면 아시아인의 유형성숙설에 납득할 수밖에 없을 것이다. 또 서양인과 비교해 일본인이 콤플렉스로 여기는 체형과 얼굴 생김새의 결점, 즉 몸통이 길고 가냘픈 골격이나 넓은 얼굴은 유형성숙을 드러낸다. 또 미용 성형으로 아시아인은 낮은 코를 높이려고 애쓰는 데 비해 서양인은 너무 긴 코를 깎아 약간 위로 향하게 하는 것을 이상으로 여긴다.

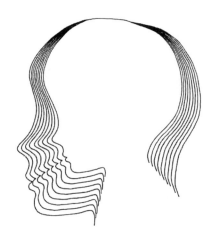

그림 6-2 **카디오이드 변환**
이 변환으로 아이 얼굴을 만들어 낼 수가 있다.

　유형성숙된 아시아인에서는 남녀 차이가 적은 듯하다. 아시아인 남성의 경우 여성으로 변신하기 쉬울지 모른다. 태국의 트렌스젠더 미인 대회에 늘어선 미녀들은 원래 성별을 도저히 가늠할 수 없는 외모다.

　얼굴 보는 방식을 조사하기 위해 컴퓨터 그래픽으로 다양한 얼굴을 인공적으로 만들어 내어 얼굴의 인상을 물어보는 연구가 있다. 얼굴을 평균화하거나 합성하거나 이미지대로의 얼굴을 만들어 보는 것이다.

　아이 얼굴을 시뮬레이션한 연구를 살펴보자. 카디오이드 변환이라는 수식에 따라 이미지 변환을 하면 묘하게도 어떤 것도 아이처럼 된다.그림 6-2 아이 얼굴을 재현하거나 성장 후의 얼굴을 재현할 수도 있으며 자동차에도 카디오이드 변환 처리를 하면 아이처럼 보이게 할 수 있다. 이는 이미지 변환의 법칙에 따라 얼굴을 보고 있다는 증거가 된다.

합성한 얼굴을 이용해 일본인과 영국인 간에 남녀의 얼굴 구별법이 차이 나는지를 조사한 실험도 있다. 일본인의 얼굴, 영국인의 얼굴, 각기 20명 정도로 남자와 여자의 평균 얼굴을 만든다. 거기에 얼굴의 다양한 특징을 바꿔 넣어 남녀에 대한 판단이 흐트러지는지를 조사한 것이다. 컴퓨터로 합성한 얼굴을 사용하지 않으면 할 수 없는 실험이다.

실험 결과, 영국에서는 발달한 턱이 남성의 특징으로 통하는 데 비해 일본인은 굵은 눈썹이 특징임이 밝혀졌다. 인종에 따라 남성과 여성을 나타내는 특징은 다를 가능성이 있다. 일본인은 남녀 간에 턱이라는 골격 차가 작은 만큼 눈썹이 선택되었을 것이다. 아시아인과 서양인의 얼굴 차이를 나타내는 결과다.

## 남녀 차이, 얼굴과 사회

남녀를 얼굴만으로 판정할 수 있을까? 최근에는 텔레비전에서도 여장 남자 탤런트가 많이 보인다. 텔레비전에 비치는 모습으로는 남자인지 여자인지 맞히기 어렵지 않나 싶다. 나이 들어 '아줌마' 정도 연배가 되면 구분하기 더 어려워질 것이다. 여성은 나이를 먹으면 아저씨로 보인다고 하고, 여장 남자 탤런트 중에는 여성 호르몬을 맞는 사람들도 많다고 하니 여성 호르몬 양의 영향이 클지 모른다.

다른 한편, 백골 사체의 얼굴 골격으로, 남녀를 구분하고 연령을 알 수 있다고 한다. 남성은 턱이 크고 이도 크며, 여성은 턱이 작고 둥그스름한 모양을 띠는 것이 특징이라고 한다.

생물 일반을 보면, 암수 생김새가 다른 종은 많다. 성적 이형異形이라 하는데, 사슴벌레, 장수풍뎅이, 공작, 꿩 등은 수컷과 암컷이 전혀 다른 생김새를 하고 있다.

체격 차이로 암수가 구분되기로는 인간에 가까운 영장류인 고릴라도 그렇다. 고릴라 수컷은 암컷에 비해 체격이 큰데, 침팬지는 암수 차가 그 정도는 아니다. 암수 간 체격 차 정도는 그 종의 사회 구성과 관계가 있다는 설이 있다. 암수 차이가 큰 고릴라는 수컷 리더 한 마리가 다수의 암컷을 떠안은 사회를 만들어 리더는 가족을 지키기 위해 혼자 싸운다. 싸움에 지면 리더가 교체되는 엄혹한 사회다. 한편 암수 차가 작은 침팬지 사회는 암컷과 수컷이 복수 공존하는 사회 구성이다. 수컷에 엄한 고릴라 사회는 강하고 큰 수컷이 필요하다.

그러면 인간의 남녀 차이와 사회 구성은 침팬지와 고릴라 중 어느 쪽에 해당할까?

일설에는 딱 중간이라고도 하지만, 근래 들어 남성의 중성화가 가속되고 있는지도 모른다. 예를 들어 남성이라도 피부 미용실에서 체모와 수염을 제거한다. 남성의 화장도 비교적 일반화되어 세안용 비누 정도의 기초 화장품이라면 흔히들 쓰고 있을 것이다. 이전에 한국

남자 대통령이 피부를 다듬어 젊어 보이게 하는 시술을 했다고 화제가 된 적이 있다. 이런 일도 일부 남성에게는 받아들여지기 시작하는 듯하다. 남녀 차는 인공적으로 계속 줄어들도록 진화하고 있는지 모른다.

그렇지만 역시 '화장은 여성이 하는 것'이라는 고정관념은 강하며 여성이 스타일을 신경 쓴다. 인간의 남녀 차이는 이런 치장의 차이에 있을 수도 있다.

주위 사람들 눈에 어떻게 비칠까 하는 압력도 여성에게 강한 것 같다. 그것은 사춘기 즈음부터 시작되는 듯하다. 4장에서도 서술했듯이 거식에 기인하는 '사춘기 마름병'이라는 사춘기 특유의 병도 있다. 1980년대 미국에서는 유명한 가수 카렌 카펜터가 거식으로 사망했다.

지금 시대에 말랐으면 하는 바람은 누구에게나 있고 다이어트도 거의 대부분의 사람이 경험하는 일일 테지만, 앞서 설명했듯이 사춘기 마름병은 마음의 병 가운데서도 낫기 어렵기로 유명하다. 굳이 나누자면, 성실하고 꼼꼼한 사람이 걸리기 쉽기도 하다.

다이어트를 꼼꼼히 지나치게 하는 바람에 목표인 신체상이 점점 왜곡되고 극단적인 체중 수치에 집착하는 경우가 있는 것이다. 신체가 유지되지 못할 만큼 말라비틀어져도 그것이 아름답다고 믿어 버리는 비극이 주변에서 일어나고 있을지 모른다. 거식은 남에게 어떻게 보이는가를 너무 신경 쓰는 데도 원인이 있는 것 같다.

애초 패션 잡지에 나오는 모델도 너무 말랐다고 문제가 되었다. 게다가 최근 양복 사이즈는 10년 전보다도 작아졌다고 한다. 귀여운 옷을 입으려면 말라야만 하다니 슬픈 이야기다. 무엇보다도 그 연령대가 낮아지고 있다. 한창 먹고 한창 자라야 할 때인 아이가 성장보다도 스타일을 신경 쓰는 것은 큰 문제라 하겠다.

이처럼 말랐으면 하는 바람은 공감성이 강한 여성의 본질을 건드리고 있는 것 같기도 하다. 일반적으로 여성은 공감성이 강하고 남성은 수치화 등의 시스템화에 강하다고 한다. 과학적인 근거는 아직 논의 중이지만, 이 대비로 남녀를 생각하는 것도 중요할지 모른다.

시대에 따라 제각각이지만, 사춘기 여성은 다양하게 자신을 표현한다. 간구로°, 고갸르°°, 고스로리°°° 등 자기 나름의 독특한 표현에 쏠리는 일이 있다. 공감성이 강한 여성은 주위를 의식하고 자기의 개성을 사회에 표현하고자 하는지 모른다. 한편 이 세대 남성들은, 시스템화에 뛰어나고 사회적으로는 능하지 않은, 오타쿠 같은 성질에 빠지는 것일 수도 있다. 남녀의 성질과 사회의 성질을 생각해 앞으로의 사회에서 남녀가 어떻게 변해 갈지 상상해 보는 것도 중요하지 않을까 싶다.

---

° 얼굴을 화장이나 태닝으로 검게 하는 것이나 그렇게 한 사람.
°° 유행하는 화려한 옷을 입고 번화가 등지에 모이는 여자 중고등학생.
°°° 퇴폐적·악마적·탐미적(고딕적)이며 소녀적(롤리타적)인 패션이나 그렇게 꾸민 사람. 검정색 기조의 복장에 레이스·리본 등의 장식과 십자가·해골 등의 액세서리를 주로 한다.

# 진화라는 관점에서 매력을 생각한다

클레오파트라나 양귀비가 그랬듯 외견적인 매력은 역사를 바꾸는 힘을 지니고 있는 것일까? 자신의 유전자를 이을 자손을 남긴다는 철칙에서 보면 외견적인 매력에는 굉장한 힘이 있다. 한층 나은 상대와 결혼할 기회를 가져 결과적으로 더 좋은 조건에서 자기 유전자를 남길 수 있기 때문이다.

하지만 현대인을 둘러싼 사정은 복잡하다. 현대인은 생물과 공통된 본래의 성질과 복잡한 인간 사회를 배경으로 한 사회적 성질을 모두 지니고 있기 때문이다.

이 장 앞머리에서 남성다운 얼굴은 업무상 파트너로서의 신뢰성이 부족하다고 여겨진다는 이야기를 했다. 이것은 인간 사회의 복잡함이 반영된 결과다.

생물의 성질로 보면 남성의 매력은 자기 자손을 지키는 데 있다. 예를 들어 북부평원회색랑구르라는 원숭이는 옛 리더를 쫓아낸 새 리더가 먼저 옛 리더의 새끼를 남김없이 죽여 버린다고 한다. 잔혹하지만 자기 유전자를 잇는 자손을 남기기 위한 전략이다. 이런 종에서는 새끼를 지키기 위해서라도 훌륭한 체격이 필요할 것이다. 생물은 약육강식의 세계이기도 한 것이다.

한편 공공연히 싸우는 일이 적어진 인간 사회에서는 사정이 다르다. 너무나 공격성이 강한 개체는 오히려 배척되어 버릴 것이다.

그것은 실험에서도 드러난다. 남성의 평균적인 얼굴을 여성스럽게 혹은 남성스럽게 가공해서 여성에게 평가하게 한다. 그러면 일본이나 영국 모두 여성스런 얼굴을 좋아한다는 결과가 나왔다고 한다.

남성다운 얼굴의 인상을 물으면 차가울 것 같고 다정하지 않고 협력적이지 않아 보인다고 하는 것을 알았다. 한편 여성스럽게 한 얼굴은 다정하고 정직하고 협력적이라고 평가되었다. 그 결과 남성다운 얼굴은 좋은 부모가 될 것 같지 않다, 반대로 여성스런 얼굴은 좋은 부모가 될 수 있다고 간주되는 것이다. 인간 사회에서는 힘센 것보다도 자녀 양육을 확실히 도와줄 것 같은 다정한 상대가 요구되는 것이다. 공공연히 싸울 일이 없는 인간 사회에서는 남성의 얼굴에 대한 선호도 유형성숙되고 있는 듯하다.

다만 상황에 따라 선호는 생물 본래의 선호로 바뀌는 경우도 있는 것 같다. 앞선 실험의 연장으로 연애 상대로 남성의 얼굴을 고르게 하면 남성다운 얼굴을 고른다는 것이다. 다른 한편 생애 반려자로 고르게 하면 여성스런 분위기의 남성 얼굴을 고른다는 것이다. 또 여성의 성주기에 따라서도 남성에 대한 선호는 바뀌는데 임신할 수 있는 기간에는 남성다움, 남성다운 목소리, 남성다운 체격을 선호하게 된다고도 한다. 생물 본래의 자기 종을 지키려는 것과 인간 사회에서 종을 유지하는 것 간의 갈등이 보이는 듯하다.

인간의 생물로서의 특징을 사회조사로 탐색하는 연구도 있다. 예를 들면 한 살까지 아버지 부재의 가정에서 자란 여성은 성적인 성숙이 일러서 사춘기도 일찍 찾아오고 첫 출산이 이르다고 한다. 부모의 영향은 다른 면에서도 보이는 듯한데, 태어날 때 부모가 30세 이상이었던 대학생은 젊은 부모를 지닌 대학생보다도 나이 든 얼굴에서 매력을 느끼고 젊은 데 구애되지 않는 경향이 있다고 한다. 미국에서는 고등학교 시절에 매력적이라고 여겨진 사람은 좀 일찍 결혼해서 자녀가 많다는 조사 결과도 있다고 한다.

같은 사회에 살아도 가정 환경에 따른 차이나 가치관의 차이는 있다. 진화론은 인간을 생물의 한 종으로 파악하는 사고로 그런 개인차를 해석한다. 그러나 생물로서의 인간을 들이대면 선뜻 수용하기 힘들다. 사회가 숨겨 온 점을 짚어 내고 있기 때문일 것이다. 물론 그 해석 자체가 옳은지 그른지는 알 수 없는 경우도 있다. 어쨌든 진화론적 해석에 의하면 자손을 남기는 방식에는 개인차가 있다는 결론에 이르는 것 같다.

머리말에서는 여성에게는 여성의 얼굴도 매력적이라는 이야기를 소개했는데, 거기에는 진화론적 이유가 있다. 인간의 과거 생활 방식, 여성이 혈연 관계자와 살며 핏줄로 이어진 자손을 함께 키우기 위해 협력해 왔다는 데 이유가 있다는 것이다. 이 경향은 지금에도 남아 여성의 선호에 영향을 끼친다고 한다. 임신 가능성이 높은 시기에는 남성과 관련된 냄새에 끌리지만 임신 준비 기간이 되면 여성의 냄새에 끌린다는 실험 결과가 있다. 또 임신에 관련된 호르몬인 프로게스테론이 높아지면 자매, 사촌, 엄마, 숙모 같은 친족과 닮은 얼굴에 끌린다는 것이 밝혀졌다.

얼굴의 매력을 진화라는 관점에서 보면 생각지도 못했던 숨은 이유를 알 수가 있다. 마지막으로 한 번 더 말해 두자면, 이런 해석은 사고방식의 하나이며 옳은지 여부는 알 수 없다. 인간에 관해 사고하는 힌트의 하나로, 평소 생활에 대해 다시 생각해 볼 계기가 되면 좋지 않을까 한다.

## '아름다운 얼굴'에 기준은 있는가

미남 미녀의 기준은 어디에 있을까? 낯빛과 생김새가 다른 서양인과 동양인 간에 미의 기준은 공통된 것일까? 헤이안 시대나 에도 시대의 미인화를 보면 미에는 절대적인 기준은 없고 유행에 따라 달라지는 것이라는 생각이 들지도 않는가?

여기서 한번 생각해 보자. 쇄국을 했던 에도 시대, 일본인 얼굴밖에 볼 기회가 없었던 사람이 서양인 미인을 알 수 있었을까? 생각해 보면 서양에 개방되고부터 미인의 기준은 바뀌지 않았나 싶다. 그렇다면 미의 기준은 유행에 따라 변하는 것 같다. 그러면 어떻게 변하는 것일까?

이제까지의 이야기를 복습해 보자. 환경에 맞추어 얼굴을 보는 기준이 변한다는 이야기가 있었다. 미인을 판단하는 데도 이것이 적용

되는 것이다.

미인의 기준은 평균 얼굴이라는 설이 있다. 평균 얼굴은 이제까지 본 얼굴로 만들어지며 어떤 얼굴을 보았는가에 따라 미인의 기준이 변하는 것이다. 헤이안 시대의 미인화도 정말 헤이안 시대를 대표하는 것인지 에누리해서 생각할 필요가 있을지 모른다. 미인화는 귀족이 그린 것이다. 서민의 얼굴을 본 적이 없는 헤이안 귀족에게 미인이라 여겨진 얼굴일지 모른다.

우리의 얼굴 기준을 다시 살펴보자. 일본에서 태어나 자랐다면 일본인의 얼굴에 둘러싸여 지냈을 것이다. 그러나 현대는 에도 시대와는 다르다. 현실에서 만나는 친구, 가족, 친척의 얼굴은 에도 시대보다 오히려 적을지 모른다. 그리고 접하는 얼굴의 대다수는 현실에서는 접하지 않는 텔레비전, 인터넷, 잡지에 등장하는 얼굴일 것이다.

우리는 미디어의 홍수 속에 있다. 텔레비전이나 인터넷에서는 할리우드 스타에서 한류까지 온 세계 미남 미녀의 얼굴을 본다. 이전 사회에서는 있을 수 없을 정도로 많은 미남 미녀 얼굴을 보는 것이다. 헤이안 귀족이나 에도 시대의 사람들이 보면 기겁할 일이다. 이런 환경에서 여러분은 어릴 때부터 자라 온 것이다.

미인의 기준은 여태껏 없었을 정도로 높아졌을 것이다. 꽃미남에 집착하는 풍조는 얼굴의 기준이 너무 높은 것이 그 한 이유일지 모른다. 그런 기준으로 현실의 배우자를 생각하게 되면 아주 곤란해질 것 같다.

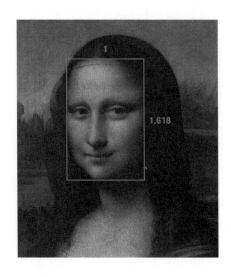

그림 6-3 **얼굴의 황금비**
이 비율을 지닌 얼굴은 아름답다고 판단된다고 하
지만, 과연 그럴까?

　매력의 기준이 되는 얼굴은 글로벌화되어 있는지 모르지만, 아직
그 문화 고유의 측면도 있는 듯하다. 이제까지 이야기한 보는 방식의
차이도 그랬다. 일본인은 아이돌 그룹 전체로 매력 평가를 하지만, 서
양에서는 그룹이어도 센터를 맡은 이의 매력만이 평가의 대상이 된다
한다.

　미스 유니버스나 미스 인터내셔널 등에서 다수 국가의 다양한 매
력을 판단하는 것은 상당히 어렵다고 생각된다. 매력적이라 판단된
얼굴을 비교하면 남성의 얼굴은 비슷해도 여성의 얼굴은 다양하다는
연구도 있는 만큼, 미인의 공통된 판단은 몹시 힘든 것인지 모른다.

　하지만 다른 문화 간 얼굴의 미추 판단의 일치율이 90퍼센트나 되
며 불일치는 다만 10퍼센트일 뿐이라는 조사 결과도 있다. 그중에는

사진발에 따른 매력의 차이도 있을 것이다. 일본과 영국에서 '지적인 얼굴인가'를 사진의 얼굴로 판단하게 했더니 거의 일치했다 한다. 당연하지만 졸려 보이는 얼굴은 지적이지 않고, 주의 깊어 보이는 얼굴이 지적이라고 판단된다는 것이었다.

항간에는 보편적인 아름다움을 나타내는 얼굴의 황금비가 있다고도 한다. 고대 그리스인에 의해 정의된 황금비란 직사각형의 긴 변이 짧은 변의 1.618배라고 하는 것이다.그림 6-3 다만 이 이야기는 흥미 깊기는 해도 왜 그런 기준인가에 관해서는 여전히 수수께끼다.

다음으로 자기 유전자를 더 많이 남기는 데 공헌한다는, 진화와 더 직접적으로 결부된 매력에 관해 살펴보자.


## 건강은 아름다움의 증거인가

영국에서 미인은 유전된다는 연구 결과가 보고되었다. 양친이 매력적이면 그 자녀도 매력적이라고 평가되기 쉽다는 것이다. 다만 그것은 여성에 한정되며 남성의 경우는 들어맞지 않는다 한다.

매력이란 무엇일까?

남미나 러시아나 북미 등 특정 지역이 미인의 산지라고도 한다. 바이킹이 금발 미녀를 채어 왔다거나 마피아가 맘에 드는 여성을 데려 왔다는 등 옛날이야기 같은 소리도 있는데, 그런 것을 보면 오랜 역사

속에서도 미인은 힘이 강한 사람과 관련이 깊은 듯하다. 매력적인 여성은 힘 있는 사람에게 선택되어 풍요로운 생활을 하고 자식을 많이 남길 기회를 누릴 가능성이 있다는 것이다. 즉 진화적인 사고에서 보면 매력은 자기 유전자를 남기기 위해 작동하는 것이다.

유전자를 남긴다는 목적에서는 자신이 건강함을 선전하는 것이 중요하다. 자손을 남기기 위해서는 건강한 것이 큰 매력이 되기 때문이다. 화장을 할 때는 입술과 볼을 빨갛게 강조하는데, 도톰하고 혈색이 좋은 입술과 발그스름한 볼도 건강의 증거라고 할 수 있을 것이다.

지금처럼 풍요롭지 않았던 시대에는 풍만한 여성이 매력적이라고 여겨지기도 했다. 풍만함은 건강하고 윤택하게 자랐음을 보여 주는 것이기도 하다. 현대에는 단순한 풍만함보다는 건강한 식생활을 하는 것이 더 중요해졌다. 건강하지 않아 보이는 눈 밑의 다크 서클이나 거친 살갗은 꺼려지기 쉬운데 채소를 충분히 섭취하면 피부색이 약간 발그스름해지고 이런 피부색의 얼굴을 아름답다고 평가하는 것이 실험으로 밝혀졌다.

황금비의 얼굴이 아름답다고 여겨지는 것과 마찬가지 이유로 형태상 아름다운 좌우 대칭의 얼굴도 아름답다고 여겨지지만, 진화론적 해석에서는 이것도 건강이 나쁘지 않음을 나타내는 메시지라고 한다.

좌우 대칭인 얼굴은 특별하게 큰 병을 앓지 않았다는 표시라고들 해 왔다. 실제로 먹을 것이 부족한 상태에서 자라면 발달이 저해되어 체형이 작고 비대칭인 체격이 된다고 한다. 즉 신체의 좌우 대칭성은 영양이 좋게 자란 증거라는 것이다. 여러 조사를 종합하면 좌우 대칭인 신체의 남자는 비대칭인 남자보다도 IQ가 우수하고 달리기 시합에 뛰어나며 춤이나 노래를 잘하고 쉽게 우울해지지 않고 목소리가 좋고 건강하다는 것이 밝혀졌다.

다만 좌우 대칭성이 신체 능력으로서 뛰어나다는 증거라고 해도 매력의 판단은 간단하지 않다. 거짓이 없는 진실한 표정은 비대칭성이기 때문이다. 머리말에서도 얼굴은 오른쪽으로 판단되기 쉽다는 이야기를 했는데, 78퍼센트의 사람이 미소를 오른쪽에 뚜렷이 띤다는 데이터도 있다. 즉 비대칭적으로 표출되는 얼굴은 자연스럽고 성실한 증거가 되며, 그것도 매력으로서 평가된다는 것이다. 이제까지 얼굴은 표정이 무엇보다 중요하다는 이야기를 해 왔듯이 매력으로서는 표정의 비대칭성이 유력할지 모른다.

마지막으로 매력은 상대를 고르는 쪽의 작용도 강함이 연구에 의해 밝혀졌다. 조사에 따르면 자기 용모를 평균보다도 낮다고 평가하는 여성은 좌우 대칭인 남성의 얼굴을 더 매력적이라고 평가한다고 한다. 자기 유전자를 효율적으로 남기기 위해서는 더 좋은 파트너를 골라야만 한다. 자기에 대해 자신이 있고 상대를 고르는 입장에 있다고 생각하는 사람은 생물로서의 성질을 중시한 선택을 한다는 뜻이 될까?

# 얼굴과 마음의 관계는?

9세에서 사춘기인 15세에 걸쳐 턱과 눈썹은 자라난다고 한다. 얼굴의 성장이 끝나면 잘 짓는 표정에 의해 얼굴 생김새가 달라 보이고 그러다가 주름도 생기고 노화가 진행한다. 인생을 보내는 가운데 얼굴 생김새는 앞으로도 변모해 가는 것이다.

여러분 마음은 변화하는 얼굴을 따라갈 것 같은가? 어른이 되어도 노화해 가는 자기 얼굴을 마음이 따라잡지 못하는 경우도 있다. 그런 때 이 책이 조금이나마 도움이 되었으면 한다.

얼굴을 보는 능력도 30세까지 여러 체험을 통해서 계속 발달한다. 얼굴 보는 것을 뒷받침하는 뇌의 발달이라는 점에서 보면, 사춘기는 아직 부정적인 정동을 제어하는 편도체의 성장이 미숙하다. 한층 과민하게 반응하기 쉽고 주위 영향을 받기 쉬우며 비행으로 빠지기 쉬운 것도 그 때문이다. 제어가 되지 않는 뇌는 특히 약물 의존 등에 강한 영향을 끼쳐 어른보다도 심각한 문제를 낳게 된다. 음주나 흡연에 연령 제한을 두는 것은 그 때문이다. 자신의 얼굴과 뇌가 관장하는 이런 상황을 알아 두는 것은 균형을 잃기 쉬운 사춘기에는 필요한 일이라고 생각한다.

마지막으로 두 가지 정도 이야기를 하고 끝내기로 하자. 첫째는 얼굴 보는 능력의 개인차의 확장판으로 성격에 관해 조금만 언급해 두자.

유전자는 성격의 50퍼센트를 설명한다는 심리학자도 있다. 어떤 성격은 유아기부터 알 수 있다는 연구도 있다. 생후 4개월에 알록달록한 새 완구를 주고 행동을 관찰한다. 그러면 새것을 싫어하는 아이와 좋아하며 노는 아이로 나뉘고 그것이 11세 때 부끄럼이 많거나 사교적인 성격으로 이어진다고 한다. 새것을 받아들이는지 여부는 선천적인 성격의 기본이라고 할 수 있다.

얼굴을 읽는 능력, 특히 얼굴에서 성격을 읽는 능력이 좋고 나쁜 것은 사교성과 관계가 있다는 연구가 있다. 의심이 많고 냉정한 사람은 성격 파악에 능하지만, 상냥하고 인심 좋은 사람은 성격 파악이 서투르다는 것이다.

머리말에서 말한 인상 판단은 과학적으로는 근거 없는 것인데, 그럼에도 얼굴에서 성격을 추측할 수 있을 듯한 생각도 든다. 자주 짓는 표정에 따라 강조되는 얼굴 생김새가 성격을 나타내는 근거가 된다. 그리고 또 하나 남녀 차이를 만들어 내는 남성 호르몬에 좌우된다는 설도 있다. 남성 호르몬인 테스토스테론은 남성다운 얼굴을 형성함과 동시에 우위성이나 독단적인 성격을 만들어 낸다는 것이다. 즉 남성다운 얼굴과 성격은 결부되어 있다는 것이 된다. 얼굴과 성격은 어느 정도 결부되어 있는 면이 있을지 모른다.

어쨌든 그 사람의 내면이 눈에 보이는 표정이라는 형태로 나타나므로 내면을 닦는 것도 '매력적인 얼굴' 만들기에 빼놓을 수 없는 일이다.

# 얼굴은 사람 사이에서 완성된다

마지막으로 얼굴은 사람들 사이에 있는 것임을 잊어서는 안 된다. 거듭 말했지만, 마지막으로 한 번 더 언급하자.

그림 6-4의 사진을 보라. 여성을 사이에 두고 남성 두 명이 나란히 있다. 위아래 거의 비슷한 구도의 사진인데 왼쪽 남성은 위아래의 인상이 달라 보이지 않는가? 아래 사진의 남성 쪽이 왠지 매력적이거나 혹은 좀 더 간드러져 보이지 않는가.

트릭을 밝히면 위아래 남성의 얼굴 사진은 완전히 똑같은 것이다. 남성의 얼굴을 바라보는 가운데 여성의 표정만 바뀐 것이다.

위의 여성은 무표정이고 아래는 웃는 얼굴이다. 남성을 바라보는 여성의 얼굴이 웃고 있으면 그 얼굴은 매력적이라고 판단되는 것이다. 중앙의 여성이 좌우의 남성을 비교하고 있다는 암묵적인 전제가 있어 그에 따라 얼굴 생김새마저 달라 보인다는 것이다.

얼굴은 사람들 간의 관계 속에 있으며 사람 간의 관계 속에서 판단되는 것이다. 사진이 잘 나오는 데도 사람 간의 관계가 중요하다. 여성은 남자 사진가가 찍을 때 매력적으로 나오며 남성은 여성과 이야기한 후 찍으면 오래 사귈 파트너로 선호하는 얼굴로 나온다는 결과가 있다. 얼굴은 사람들 간의 관계 속에서 완성되는 것일 터이다.

원래 자기 이외의 주위 사람들에게 보이는 것이 자기 얼굴이다. 여러분의 얼굴은 주위 사람들과 이어 주는 역할을 하고 있는 것인데 자

그림 6-4　**두 남성 중 누가 더 매력적인가?**
아래 사진의 왼쪽 남성은 약간 간드러져 보이지 않는가? 사실은 좌우 남성은 위아래 사진이 완전히 똑같다. 주위를 감추고
차분히 비교해 보라. 가운데 있는 여성의 표정만 바뀌었다. 바라보는 여성의 표정에 의해 남성의 인상이 변한 것이다.

기가 어떤 얼굴을 하고 있는지 자기는 잘 모른다. 때로는 거울로 자기 얼굴을 관찰하고 자기의 현재 상태를 점검하는 눈을 지녀 보는 것은 어떤가. 지쳐 있지 않은지 인간관계가 잘 이루어지고 있는지 자기를 되살펴 보는 계기가 될지 모른다.

　얼굴의 매력에 관해 말한 이 장과 모순되는 듯하지만 외견적인 미추만으로 얼굴을 판단한다고 하면 그것은 인간으로서 너무 단순할지

모른다. 매력은 동물로서의 본성에서 나온 것이지만 인간은 동물보다 훨씬 복잡한 사회에서 살아가고 있다. 그런 사회 속에서는 매력적인 얼굴보다도 '좋은 얼굴'인 것이 중요한 것이다.

복잡한 인간관계 속에서 타인과 자기를 속이는 일 없이 즐겁게 살아가고 있는가. 자기와 타인을 소중히 하고 있는가. 그런 삶의 방식이 얼굴에 드러나 인간적인 매력이 될 것이다. 여러분이 그런 매력을 느낄 수 있는 사람이 되기를 바란다.

# 저자의 말

저는 얼굴 연구를 하고 있지만, 얼굴을 기억하는 데 능하지도 화장을 좋아하지도 않고 오히려 얼굴을 거울에 비춰 보기 싫어하는 편입니다. 그런데 이런 책을 쓰니 신기한 일이지요.

돌이켜보면 '나는 얼굴을 모르는 걸까' 하고 고민한 적도 있습니다. 얼굴을 못 외우는 것은 아니나 주위 사람들이 말하는 '미인'을 도무지 알 수 없었기 때문입니다. 철들 무렵 좋아한 사람은 눈이 크고 코가 작고 굵게 웨이브 진 갈색 머리가 귀여운 아이돌이었습니다. 그러나 주위 어른 눈에는 전혀 '미인'이 아니었습니다. 어른들이 미인이라고 하는 얼굴은 어딘가 외로워 보이는 데다 근심 어린 눈에 도톰한 입술로 내게는 흔히 '못생겼다'고 하는 연예인과 똑같아 보였습니다.

그런 저이기에 큰소리칠 수는 없지만, 지금 생각하면, 아이돌 얼굴은 아이에게도 알기 쉬웠나 봅니다. 만화 캐릭터와도 닮았는지 모릅니다. 그러나 잘나고 못난 것은 얼굴을 보는 가장 단순한 기준의 하나에 지나지 않으며 더 깊이 얼굴을 알았으면 하는 것이 이 책의 의도입니다.

어릴 적에는 '미인'을 알지 못한 저지만, 어른이 되어 '좋은 얼굴'에 민감해졌습니다. 이 후기를 쓰고 있는 2월에도 좋은 얼굴을 많이 만났습니다.

대학 교수라는 직업상 젊은 학생을 많이 만나는데, 대학 입시철은 만남이 가장 많은 때입니다. 일반입시나 특별입시 면접에서 실로 수많은 수험생 얼굴과 마주칩니다.

유학생 입시에서도 아주 홍미로운 만남이 있었습니다. 착실함을 부각하려는 일본인과는 감각이 다른지, 증명사진이 연예인같이 화려해서 '이 학생은 일본에 놀러 올 생각인가. 착실하게 공부할까?' 하고 불안해졌습니다. 그런데 면접에는 사진과는 영 딴판인 착실한 학생이 왔기에 허탈했습니다. '좋다'고 여긴 증명사진이었겠지만, 얼마나 이미지를 떨어뜨렸는지 모릅니다.

'좋은 얼굴' 이야기로 돌아갑시다. 입시에서 답안지와 씨름하는 수험생들을 눈앞에 두고 지그시 넋을 잃고 바라보고 말았습니다. 모두 정말 좋은 얼굴을 하고 있었기 때문입니다. 본인이나 가족에게는 '남의 일'처럼 군다고 질책을 받을지 모르겠습니다. 물론 수험 공부는 압박감이 드는 싫은 일이겠지요. 하지만 열심히 답해 가는 얼굴은 모두가 다 정말 좋은 얼굴이었습니다. 다시금 생각하면 우리들이 스포츠와 운동선수에 빠져드는 것도 시합을 할 때의 얼굴이 '좋은 얼굴'이기 때문은 아닐까요?

이런 얼굴로 줄곧 인생을 살아갔으면 하고 수험생을 보면서 바랐습니다. 보통은 신입생 얼굴이 좋다고 여기기 때문에 수험생을 좋다하면 심술궂다고 여길지도 모릅니다. 하지만 오늘날 일본 대학 신입생은 입학시험 때만큼 얼굴이 좋아 보이지 않습니다. 일본 대학생은 '입학하면 공부는 하지 않는다'고 작정한 듯합니다. 동아리를 권유할 때는 좋은 얼굴을 하고 있을지도 모릅니다. 그러나 적어도 교실에서는 어딘가 진지함이 부족한 불성실한 태도가 얼핏얼핏 얼굴에도 드러나는 듯이 보이는 것입니다. "이제부터 과제와 숙제를 많이 낼 겁니다." 하고 좀 겁주면 긴장감을 띤 좋은 얼굴이 되는 학생도 있으니 역시 진지함이 부족한 면이 있는 것이겠지요.

어딘가 빠져나갈 길을 찾는 얍삽함이 없는 것, 자신을 향상시키려 진지하게 애쓰는 것, 그것이 좋은 얼굴의 조건일지도 모릅니다.

한편으로 내가 안됐다고 여기는 얼굴은 뭔가 더께가 진 듯한 공허한 어른 얼굴입니다. 표정이 들러붙어 있는 듯한 얼굴이라 할까. 직업이 그대로 들러붙어 있는 얼굴이라 할까. 뭐라 표현하기 어렵습니다만, 다만 같은 직업에 종사해도 훨씬 자유로운 얼굴을 한 사람도 있으므로 머리와 얼굴이 굳어 버린 듯한 얼굴이라 하면 될까요? 물론 병인 것은 아닙니다. 나이를 먹어 자기 틀에서 한 발짝도 벗어나지 않으려 하고 속 좁은 것이 드러나는 얼굴. 그런 얼굴의 존재가 마음에 걸립니다.

부모한테 받은 것 그 자체로 대만족이라고 할 만큼 운 좋은 사람은 거의 없겠지요. 오히려 사람들에게서 '복 받았다고' 부러움을 사는 이도 어찌 되든 별 상관 없는 사사로운 것으로 고민하고 있을지도 모릅니다. 내 코는 왜 낮을까, 왜 눈이 쌍꺼풀이 아닐까 등등 말을 꺼내면 끝이 없을 정도로 나열할 수 있을지 모릅니다.

이런 생각은 평생 계속되는 것일까요? 평생 계속된다면 불행이라고밖에 할 말이 없습니다만, 그러나 불행은 자신이 부르는 것이고 불행은 자신의 힘으로 해결해야 하는 것입니다.

불행을 부르는 것은 자신의 얼굴이 아니라 얼굴과 잘 지내는 법을 모르는 데 있습니다. 자기의 내면과도 진지하게 마주하여 아름답게 꾸며 나가는 것. 이것이 얼굴이라는 것입니다.

자신에게 주어진 것을 잘 아는 것, 혹 거기서 결정적인 문제를 발견해 냈다고 해도 극복하려고 노력하는 것. 그런 전향적인 태도 자체가 사람을 끄는 매력이 아닐까요. 그리고 우리는 이런 매력을 동물적인 직감으로 느끼고 알아차리고 있는지도 모릅니다. 그것이 아우라라거나 분위기라거나 혹은 '표정이 좋네'라고도 하는 것으로 귀결되겠지요. 이 책의 독자는 그런 얼굴의 매력을 아는 어른이 되어 인생을 더 깊이 즐기기를 바랍니다.

한동네에 오래 살기에 누릴 수 있는 소소한 즐거움이 있다. 이웃 아이들이 자라나는 모습을 보는 즐거움. 유모차 타던 아이가 동생 챙기는 언니가 되고, 도서관 책벌레이던 꼬마가 수험생이 되고, 엄마 뒤를 쫓던 아이가 혼자서 늠름하게 재활용품을 분리해 버리는 것을 보면 괜히 혼자 뿌듯하다. 여자아이는 중고생이 되면 틴트 정도는 바르는 듯 입술만 도드라져 보이는 얼굴로 바뀌기도 한다. 민낯이 가장 예쁜 나이라 여기지만, 가장 예쁜 나이의 아이들끼리 모여 있으니 그러는가 보다 한다.

하지만 사춘기에 접어들지도 않은 어린아이들까지 화장을 하고 싶어 하고 이를 말리지 못하는 부모가 건강을 위해 차라리 좋은 화장품을 사 준다는 기사를 볼 때면, 과장되었거니 하면서도 걱정이 된다. 기우가 아닐 수 있다 싶은 것이 일상생활에 미남 미녀의 이미지, 동영상이 넘쳐나기 때문이다. 과거에는 외국 배우나 가수를 영화나 잡지, CD 등을 통해서 알 수 있을 뿐이었는데, 이제는 실시간으로 세계 곳

곳의 온갖 사람과 연결되는 세상이니 눈이 높아질 대로 높아지지 않았을까. 그런 데다 갖가지 매체를 통해 온갖 성형을 권하다 못해 이제는 이마, 정수리, 뒤통수까지 성형하라고 광고하는 세상이니 아무리 어리다 한들 화장쯤은 아무렇지도 않게 여길 듯싶은 것이다.

아침밥은 걸러도 화장은 해야 하는 아이들에게 '내면이 중요하다' '인물보다 인상이 중요하다'는 이야기를 해도 귀에 들어오지 않을 것이다. 다양한 사람과의 숱한 만남을 통해 부모가 지니게 된 신념이 외모 중시 사회에서는 어설픈 위로나 훈계로밖에 들리지 않는 것이다. 그러기에 외모에 관한 다른 차원의 논의가 필요하다고 여기던 차에 이 책을 접하게 되었다. 얼굴 인지에 관한 실험을 줄곧 해 온 심리학자답게 다양한 실험 결과를 제시하며 얼굴과 인간의 매력을 다루어 매우 설득력이 있었다. 그리고 무엇보다 무척 흥미로웠기에 번역해서 소개하게 되었다.

날마다 얼굴에 신경 쓰며 거울이나 휴대폰을 들여다보는 사람이라면 우리가 그런 것으로 자신의 얼굴을 제대로 볼 수 없다는 본문 내용에 우선 놀랄 것이다. 그리고 얼굴은 단지 예쁘게 또는 멋있게 꾸며서 내놓기 위해 있는 것이 아니라 타인과 의사소통을 하기 위해 존재한다는 것을 깨닫게 될 것이다. 고정된 생김새가 중요한 것이 아니라 표정을 통해 생각과 감정을 얼마나 잘 전달하는가가 중요하다. 아무리 생김새가 멋지고 예뻐도 깊은 내면의 다양한 소리가 들리지 않는다면, 매번 같은 트랙을 반복하는 고장 난 오디오처럼 지루하고 따분하지 않겠는가.

　얼굴과 표정을 인식하는 데는 뇌의 다양한 부위가 관계하고 그 능력에는 개인적이고 문화적인 편차가 있다고 한다. 친구들이나 가족, 주변 사람들과 의사소통이 잘되지 않을 때면 이 사실을 떠올리며 언어 등 다른 수단으로 자기 의사를 구체적으로 전달하려는 노력을 기울이는 것은 어떨까?

　자신의 외모 때문에 고민이 되고 자존감이 떨어지는 것을 느끼는 친구라면 이 책을 읽고 자신의 얼굴 사용법을 익히기를 바란다. 잘생긴 얼굴보다 좋은 얼굴이 중요한 것을 깨닫는 사람이 늘어나서 비슷비슷한 얼굴이 아니라 표정이 살아 있는 얼굴을 많이 대할 수 있게 되고 인간관계도 더욱 유연하고 원활해질 것을 기대한다.

# 참고 문헌

— コール, ジョナサン, 『顔の科学—自己と他者をつなぐもの』(얼굴의 과학—자기와 타자를 잇는 것), 茂木健一郎 번역 감수, 恩蔵絢子 번역, PHP研究所, 2011.

— 日本顔学会 편집, 『顔の百科事典』(얼굴의 백과사전), 丸善出版, 2015.

— 山口真美, 柿木隆介 편집, 『顔を科学する—適応と障害の脳科学』(얼굴을 과학하다—적응과 장애의 뇌과학), 東京大学出版会, 2013.

— Perrett, David, *In your face: The new science of human attraction*, Palgrave Macmillan, 2010.

# 그림 출처

그림 1-1    Perrett, David, *In your face: The new science of human attraction*, Palgrave Macmillan, 2010.

그림 2-7    Thompson, P., Margaret Thatcher: A new illusion, *Perception*, 1980, vol. 9, no.4, pp.483~484.

그림 3-1 위쪽   Wollaston, W. H., On the apparent direction of eye in a portrait, *Philosophical Transactions of the Royal Society of London Series B*, 1824, vol.114, pp.247~256.

그림 3-2    Kobayashi, Hiromi & Kohshima, Shiro., Unique morphology of the human eye, *Nature*, 1997, vol.387, pp.767~768.

그림 3-6    Otsuka, Y., Motoyoshi, I., Hill, H. C., Kobayashi, M., Kanazawa, S. & Yamaguchi, M. K., Eye contrast polarity is critical for face recognition by infants, *Journal of Experimental Child Psychology*, 2013, vol.115, no.3, pp.598~606.

그림 4-2, 그림 4-3   Jenkins, R., White, D., Van Montfort, X. & Burton, A. M., Variability in photos of the same face, *Cognition*, 2011, vol.121, no.3, pp.313~323.

그림 6-2    Alley, T. R.(Ed.), *Social and applied aspects of perceiving faces*, Hillsdale, N. J., 1988.

그림 3-4, 그림 3-5 왼쪽, 그림 4-5, 그림 5-1, 그림 6-4 ⓒ 123RF(원본 변형: 그림 3-4, 그림 4-5)